はじめに

漢字能力はあなたの知的財産

小学校入学以来、あなたが身につけてきた漢字・日本語能力は、かけがえのない知的財産です。いま学校で、企業で、確かな漢字・日本語の能力があらためて求められています。

文部科学省認定「日本漢字能力検定」(略称「漢検」)は、日本語の根幹である漢字についての能力を、客観的に評価する技能検定です。

「漢検」2級合格は、高等学校「国語科」の増加単位（2単位）として認定されるとともに大学・短大では入試優遇の実施や人物評価・学力評価の尺度のひとつとするところもあり（平成15年8月で483校）、さらに1級・準1級・2級合格は大学での単位認定等が実施されています。また、企業への就職・転職の場合でも「漢検」合格者を優遇する例が増加しています。

「漢検」受検で、あなたの漢字・日本語能力を、より豊かで、より確かな知的財産にしてください。

漢字は日本文化をささえる根幹

長い日本文化の発展過程において、漢字がその根幹として文化の伝達と進展を支えてきました。現代に生きるわたしたちの漢字・日本語能力は、その日本文化を受けつぎ、進展させていくために欠くことのできない能力のひとつです。

日本人の歴史とともにあった漢字は奥が深いため、熟年層にも楽しい生涯学習のひとつとして受けとめられています。

漢検を受検するには……

1級
常用漢字を含めて、約6000字の漢字の音・訓を理解し、文章の中で適切に使えるようにする。

JIS第二水準

準1級
常用漢字を中心とし、約3000字の漢字の音・訓を理解し、文章の中で適切に使えるようにする。

JIS第一水準

2級
小学校・中学校・高等学校で学習する常用漢字を理解し、文章の中で適切に使えるようにする。人名用漢字も読めるようにする。

準2級
小学校・中学校で学習する常用漢字の大体を理解し、文章の中で適切に使えるようにする。

3級
小学校学年別漢字配当表のすべての漢字と、その他の常用漢字600字程度を理解し、文章の中で適切に使えるようにする。

4級
小学校学年別漢字配当表のすべての漢字と、その他の常用漢字300字程度を理解し、文章の中で適切に使えるようにする。

5級
小学校第6学年までの学習漢字を理解し、文章の中で漢字が果たしている役割に対する知識を深め、漢字を文章の中で適切に使えるようにする。

6級
小学校第5学年までの学習漢字を理解し、文章の中で漢字が果たしている役割を知り、正しく使えるようにする。

7級
小学校第4学年までの学習漢字を理解し、文章の中で正しく使えるようにする。

8級
小学校第3学年までの学習漢字を理解し、文や文章の中で使えるようにする。

まず受検級を決定します

- あなたは、何年に在学中ですか。
- 常用漢字に自信がありますか。
- どの級から出発しますか。

＊審査基準をたしかめましょう。

▶「漢検」受検の目安は

- 学生・社会人（1級～8級）
- 高校3年生（2級～8級）
- 高校1・2年生（準2級～8級）
- 中学3年生（3級～8級）
- 中学2年生（4級～8級）
- 中学1年生（5級～8級）
- 小学4～6年生（6級～8級）

※外国の方やはじめての方は8級から試すのも一つの方法です。

漢検 日本漢字能力検定 申し込み方法

個人の申し込み

願書（個人出願用紙など）の入手方法

（1、2のいずれかの方法で）

1. 願書送付用封筒（定型封筒=長形3号23.5×12cmに自分の住所、氏名を書き、90円切手をはったもの）を用意し、別の封筒に入れて、表に「願書請求」と朱書して、本部及び東京事務局に請求してください。
2. 全国の取扱書店に「受検要項」と「願書」が置いてありますので入手してください。

個人出願の方法

（1、2のいずれかの方法で）

1. 協会や取扱機関へ申し込む場合

必要事項を記入した**願書**に検定料を添え、直接持参または現金書留で送付してください。

2. 書店へ申し込む場合

①書店で検定料を払い込み、書店発行の**「領収書」「書店払込証書」**の2枚と協会送付用の専用封筒及び願書をもらってください。

②願書に必要事項を記入し、**「書店払込証書」**を一緒に専用封筒に入れて協会に郵送してください。

検定料（税込）

1級	6,000円
準1級	5,000円
2級	4,000円
準2、3～7級	2,000円
8級	1,500円

申し込みは受付期間内に

- 受検願書の受付期間は、検定日の約3か月前から1か月前までです。**願書協会必着日を厳守**してください。
- 願書には、必要事項を忘れずに記入して、送付してください。
- 準2級／2級／準1級／1級を受検する方は写真が必要です。

- 受検票は検定日の1週間前頃《ごろ》に到着するように郵送します。検定日3日前になっても届かない場合は本部へ問い合わせてください。
- 申し込み後の変更・取消・返金は一切できませんのでお気をつけください。

ローソン（Loppi）
セブン-イレブン「マルチコピー」
でも受付しております。

団体受検の申し込み

- 学校や企業などで志願者が一定数以上まとまると、団体申し込みができ、自分の学校や企業内で受検できる制度もあります。団体申し込みを扱っているかどうかは、国語科の先生や人事関係の担当者に確認してください。

ホームページ・携帯電話（iモード・EZweb・ボーダフォンライブ!）での検定申し込みもできます!（個人受検のみ）

http://www.kentei.co.jp/

同時に2つ以上の級を受けたい時は

- 検定時間の異なる4つの級まで受検することができます。

漢検 日本漢字能力検定
検定当日の注意と合否通知

検定当日の注意

- 当日は「受検票」、消しゴム、鉛筆（HB･B･シャープペンシルも可）を持参してください。シャープペンシルを使われる人は必ず濃い芯《しん》のものを使用してください。ボールペン、万年筆などの使用は認められません。
- 検定開始15分前までに検定会場に入場してください。
- 検定中は受検票を机の上においてください。（検定終了後、受検票はお持ち帰りください。）
- 車、バイクでの来場は禁止しております。

答案用紙の記入方法

- [1～7級]問題用紙と解答用紙は別になっています。答えは解答用紙に記入してください。

  [8級]答えは用紙にそのまま記入してください。
- 一部の問題にはマークシート方式による解答があります。マーク欄をきれいにぬりつぶしてください。

合否の基準

1級～7級は200点満点とし、1級、準1級、2級は80%程度、準2級～7級は70%程度で合格、8級は150点満点とし、80%程度で合格。

合格通知は約40日後

- 検定実施後約40日を目安にして、合格者には合格証書・合格証明書、受検者全員に検定結果通知を郵送します。団体受検の場合は団体の責任者に一括して送付します。
- 検定実施後、標準解答を配付しますので、自己採点をしてください。思わぬ間違いに気付くこともあります。
- 受検票は合否通知が届くまで大切に保管してください。

注目!

進学・就職に有利!!
合格者全員に合格証明書発行

- 大学・短大の推薦入試の提出書類に、また就職の際の履歴書に添付してあなたの漢字能力をアピールしてください。
  合格者全員に合格証書と共に合格証明書2枚無料でお届けします。

合格証明書が追加で必要な場合は

- 返信用封筒に80円切手をはり、名前・TEL・生年月日・受検級・受検年月日・認証番号（合格証書の左上部に記載）を明記し、証明書発行手数料500円（切手可）を本部へお送りください。約1週間後お手元にお届けします。

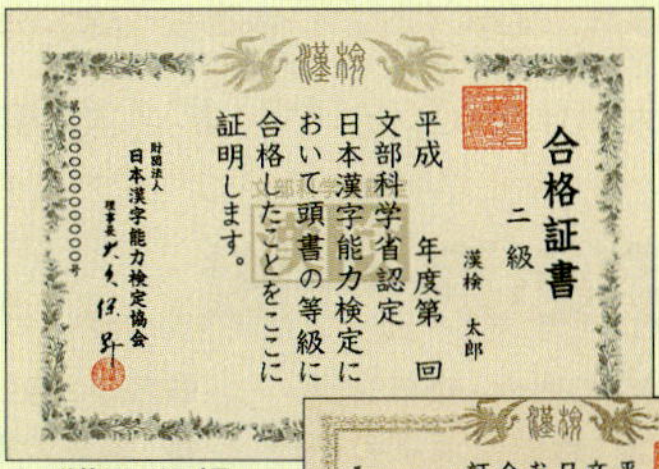

1／準1／2級

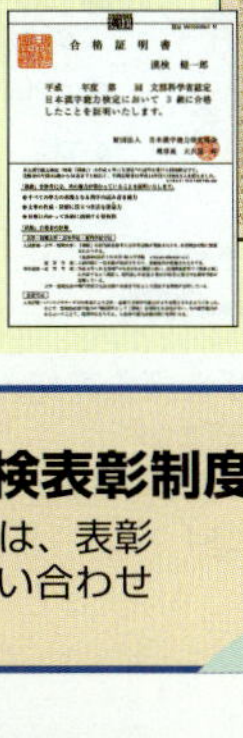

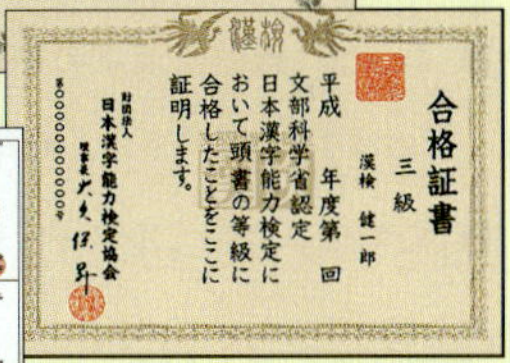

3～8級

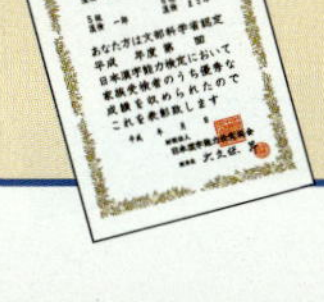

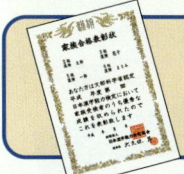

家族 で 漢検　家族受検表彰制度

ご家族（3～6名）で受検し、合格された場合は、表彰状をさしあげます。くわしくは協会までお問い合わせください。　☎075-352-8300

完全征服 漢検1級/準1級 ～漢字は生涯の友～

NEW

「1級」……漢検1級対象の表外漢字（約3,000字）についての読み・書きなど練習問題を含め解説しています。付録として1級用漢字音訓表、旧字体一覧表、国字一覧表を収録。

A5判　2色刷　177ページ　定価1,470円（本体1,400円＋税5％）

「準1級」…漢検準1級対象の表外漢字（約1,000字）についての読み・書きなど練習問題を含め解説しています。付録として準1級用漢字音訓表、国字一覧表、常用漢字表外の音訓表を収録。

A5判　2色刷　189ページ　定価1,365円（本体1,300円＋税5％）

今すぐ始めてずっと役立つ練習問題集

2、準2、3、4、5、6、7、8級 漢字学習ステップ

●各級の配当漢字を五十音順に配列。着実に身につくステップ式問題集。

●実力確認や最終演習として利用できる「総まとめ」を巻末に収録。

「2級」…… 常用漢字1,945字の問題例練習帳

定価1,260円（本体1,200円＋税5％）

「準2級」… 常用漢字1,945字の問題例練習帳

「3級」…… 学習漢字＋常用漢字約600字の問題例練習帳

「4級」…… 学習漢字＋常用漢字約300字の問題例練習帳

準2、3、4級定価1,050円（本体1,000円＋税5％）

●漢字の筆順や注意点を書きながら覚える別冊「漢字練習ノート」付き

●書きとり問題の解答欄を3つ設け、前回の答えを「かくしーと」で隠しながら練習できます。

「5級」…… 学習漢字1,006字の問題例練習帳

「6級」…… 学習漢字825字の問題例練習帳

「7級」…… 学習漢字640字の問題例練習帳

5、6、7級定価945円（本体900円＋税5％）

「8級」…… 学習漢字440字の問題例練習帳

定価1,050円（本体1,000円＋税5％）

A5判　2色刷　別冊「標準解答」

特別ふろく（検定問題見本）が付いた改訂版

低学年用 漢字学習ステップ

「初9級」……小学校2年生の学習漢字160字

「初10級」….ひらがな・カタカナ・小学校1年生の学習漢字80字

B5判　カラー　別冊「標準解答」

初9級、初10級定価1,260円（本体1,200円＋税5％）

苦手分野を克服する分野別問題集

2、準2、3、4級　漢検分野別問題集

分野ごとに確かな実力が身につくよう【漢字の読み】【漢字の部首】【熟語の理解】【対義語・類義語】【四字熟語】【送りがな】【書きとり】の7分野で構成しています。

●答え合わせのときに便利な「**別冊解答**」

●実際の検定に即した「**実力完成問題**」を収録

●検定直前のポイント整理に役立つ「**巻末資料**」

A5判　2色刷

2、準2、3、4級　定価945円（本体900円＋税5％）

検定直前の総仕上げに必須《ひっす》の過去問題集

平成16年度版　過去問題集　NEW

平成15年度に実施された全検定問題を収録

●合格者はどのくらい得点しているのかがわかる「**合格者平均得点**」

●「**漢検に関するQ&A**」で解答時の悩みを解決

●**上位級の検定問題**付き（「1／準1級」を除く）

●答え合わせのときに便利な別冊「**標準解答**」

●「**答案用紙実物大見本**」付き（「8級」を除く）

A5判

1／準1級	定価1,365円（本体1,300円＋税5%）
2級	定価1,260円（本体1,200円＋税5%）
準2級、3級	定価1,155円（本体1,100円＋税5%）
4級	定価1,050円（本体1,000円＋税5%）
5、6、7、8級	定価　945円（本体　900円＋税5%）

持ち歩いて、どこでも学べるポケット学習書

ハンディ 漢字学習　2、準2、3、4級

「2級」………常用漢字1,945字の練習問題＋「2級配当漢字表」
「準2級」……常用漢字1,945字の練習問題＋「準2級配当漢字表」
「3級」………学習漢字＋常用漢字約600字の練習問題＋「3級配当漢字表」
「4級」………学習漢字＋常用漢字約300字の練習問題＋「4級配当漢字表」

●ドリルとしても参考書としても活用できる**2WAY（学習⇔確認）方式**

●問題の解答と漢字表の部首・語句の読みが隠せる**チェックシート**付き

●**漢字表**や学習に役立つ**豊富な資料**を収録

新書判　2色刷　240ページ　　2、準2、3、4級定価924円（本体880円＋税5％）

文部科学省認定

日本漢字能力検定〈準一級受検〉

完全征服「漢検」準一級

——漢字は生涯の友——

財団法人　日本漢字能力検定協会

「準一級」に挑戦する意義

常用漢字では足りない

現代の国語（日本語）の文章は、漢字仮名交じり文で書き表す。この文章に用いられる漢字の字種（異なり字）は、どのくらいあるのであろうか。社会的に広く流通している出版物（雑誌・新聞）を資料として漢字の字種の使用の実態を調査した結果を追うと、次のようになる。

昭和31（一九五六）年　国立国語研究所・雑誌九十種の用語用字の調査　三、三二八字種

昭和41（一九六六）年　国立国語研究所・現代新聞（朝日・読売・毎日の三紙）の漢字　三、二一三字種

この頃は、当用漢字表【昭和21（一九四六）年、内閣告示・訓令】（一、八五〇字種の表）の時代であり、これは漢字を制限的に使用することを求めていた時代であった。それでも、日常の文字生活では地名、人名を初め日常語などで様々にこの枠を越えて漢字は使われていたことが分かる。この頃は、およそ三千字種であるから、当用漢字表の字種よりも約一千字種以上、多く使われていた。

その後、日本文化の継承や日常の文字生活の広がりなどを配慮し、太平洋戦争（一九四五年終結）後に作られた当用漢字表を初めとした国語施策への見直しが始まる。文化庁の依頼で、凸版印刷が出版している各種の書籍や雑誌などについての漢字の字種の大量調査が行われた。それの結果は、次の通りである。

昭和50（一九七五）年　凸版印刷調査　四、三七七字種

昭和51（一九七六）年　凸版印刷調査　四、五二〇字種

これらによって、先の国立国語研究所の二種類の調査を遥かに上回る実態が浮かび上がった。こうしたことから、国語施策において漢字を制限的に使用するという考え方を廃し、漢字の使用の目安としての表、常用漢字表【昭和56（一九八一）年、内閣告示・訓令】が制定される。昭和50年代後半には日本語ワード・プロセッサーやパーソナル・コンピューターが次第に普及し、急速に進化した。そして、これらに搭載される字種の数が飛躍的に増えていった。

このような流れにおいて今日、パソコンには日本工業標準調査会の審議を経てまとめられた「ＪＩＳ《ジス》情報

交換用漢字符号」が標準的な装備として収められている。この平成2（一九九〇）年の規格には、漢字は次に掲げる字種が収められている。

ＪＩＳ第1水準漢字集合　二、九六五字種（基本的な性質の漢字と考えられるもの）

ＪＩＳ第2水準漢字集合　三、三九〇字種（それ以外の漢字と考えられたもの）

が収められている。これらの合計は、六、三五五字種を数える。

日本漢字能力検定協会での「準一級」は右の第1水準漢字集合を主たる対象としており、「一級」は右の第2水準漢字集合を主たる対象としている。

その後、常用漢字表の表外漢字についても日常、使用頻度の高い漢字については字体の標準が定められるべきであるとの主張があった。このことから、文化庁は、そのための検討資料が必要であるとして、凸版印刷と読売新聞とに依頼して大量調査を行った。漢字の字種の出現状況について、次のような結果が得られた。

平成9（一九九七）年　凸版印刷の資料
　　　　八、四七四字種

平成11（一九九九）年　読売新聞の資料
　　　　四、五四六字種

ここで、新聞に出現する漢字の字種については、新聞の文章は一般に分かりやすく読みやすくするということのために常用漢字表に掲げる字種を基本に据えるという配慮がある。このことから、右に見るような字種の数になっていると見ることができる。出現頻度から見て約三千字種の範囲を越える漢字は各々につき数回程度である。つまり、滅多にお目に掛からない字種ということになる。一方、凸版調査では百科事典や専門書などを含むこともあり、八千字種もの出現を見た。これについても出現頻度から見て約五千字種の範囲を越えると10回台から数回程度となる。六千位を越えると、滅多に現れない字種となる。

このように見てくると、ＪＩＳ規格が各種の漢字調査や漢字表を踏まえて第1水準および第2水準の漢字集合を作成していることと、今日、具体的に使用されている漢字の字種の状況を見合わせて考え及ぶに、漢字能力検定協会での「準一級」及び「一級」で範囲としている、それぞれの漢字の字種の数は、現実に即応する意義、過去からの文化に対応する意義を十分に持っていると認められる。

「漢字検定」に挑戦する意義

学校教育（小学校・中学校・高等学校）で学習する漢字の字種は、常用漢字表【昭和56（一九八一）年、内閣告示・訓令】の字種の範囲（一、九四五字）であり、漢字の字体及びその音訓についてはこれに即して表に掲げる字体、音訓の範囲に限られる。これは一応、現代の国語の表記の基礎を成す部分である。右に見るように、実はこれのみでは足りない。この基礎に立って、自ら積極的に漢字の知識を増やし、漢字力を強化する以外にない、ということになる。この自ら学習する機会を初級レベルから上級レベルにわたって提供しているのが、日本漢字能力検定協会の各級の検定（問題）である。

漢検の2級は、漢字の字種としては常用漢字表に掲げる一、九四五字種と人名用漢字二八六字種とをベースにしている。これは、まず基礎、基本を固める段階である。現在の漢字の字種の使用の実態を見て、これに対応する漢字力の伸長を期するには、「2級」に続いて「準一級」に挑むことが必要であり必然である。その上で、古代から近世へ、そして明治時代以来昭和20年頃までの著作物など（思想書、宗教書、文学作品、政治・経済など社会科学、また自然科学の著述等）を読みこなすには、「一級」にチャレンジして、より豊かな漢字力の育成が望まれることとなる。

漢字の学習は、単なる漢字という文字の学習をしているのではない。これは、その一字一字の字種の音や訓によって、国語（日本語）の言葉を身に付け、語彙を豊かにすることにある。日本の文化、とりわけ言語文化に広く接し、専門を深く明らかにし、趣味や教養を豊かにする土台作りとして漢字の学習は位置付けられる。国語（日本語）の語彙が正しく豊かになれば、その人柄（人間性）や知識が奥深くからきっと滲み出るであろう。

「準一級」の学習内容

基本的に、2級で身に備えた常用漢字表に掲げる漢字の字種、字体、音訓と人名用漢字とを踏まえ、これを含んで「ＪＩＳ第１水準漢字集合」の字種、約三千字が対象となる。常用漢字表の一、九四五字種については表外音訓もあるゆえにそれにも及ぶこととなり、その他の一千字種余については、それぞれ字体、音訓が知識として習得され、文章中の文脈において正しく読むことができ、またその字体を正しく書き表すことができるということが求められる。

具体的な問題の形式としては、「短文中での漢字・熟語の読み書き」「熟字訓、当て字、対義語、類義語、同音・同訓の異字、典拠のある四字熟語、故事・成語・諺など」につき知識を持ち、文章中の文脈において正しく理解して読むことができ、かつ書くことができることが求められる。また、「表外漢字につき、常用漢字に書き換えること」なども求められる。

「準一級」が対象としている「JIS第1水準漢字集合」約三千字種を習得することができて、漸く古今の国語（日本語）の文章を読みこなし、親しむことができるようになるであろう。

そして、広い教養ある漢字力こそ

古くは万葉集を初め源氏物語、平家物語、芭蕉の奥の細道などの日本古典文学に親しむ、また日本の文化の支えである、論語や荘子、唐宋の詩などの漢籍に親しむ、或いは、歎異抄、正法眼蔵随聞記などの仏教書に親しむ、或いは近代の鷗外や漱石の作品などを読み楽しむというような、日頃の文化的な生活において、自然と国語の言葉を知り、語彙が正しく豊かになり、漢字力もいつの間にか身に備わるというのが本来の姿であるだろう。長い年月の間に底力として養われ身に備わっている国語の語彙、四字熟語、諺、慣用句、言葉遣いなどは、日常の生活において折に触れ、思い起こされ、ひょいと口を突いて呟かれるというものである。

今日では、高等学校までの学習においては、およそ近代の思想書や文学作品などについても、内外の古典についても、基礎的な部分につき若干、触れる程度で終わっている。漢字に関しても、常用漢字以外は振り仮名付きで登場はするけれども、それほどの広がりを見せて学習されていない。したがって、日本人としての深く豊かな感性や情操、知識や教養といったものは、個人として自ら積極的に求め接することにより養われるというものである。

この日本という風土に生き、国語（日本語）をもってして初めて日本文化の深層に生きることができるのであるから、それを支えている国語の表記の基幹である「漢字」の能力を十分に養うことによってこそ、日本人としての心、素養を持つことができると思う。

なお㈶日本漢字能力検定協会より『漢字必携一級』『漢検漢字辞典』『漢検四字熟語辞典』が刊行されているので、学習上、利用されたい。

編者識

目次

前書き「準一級」に挑戦する意義……3

一　読み

読み（解説）……10

A　音読み――表外漢字の音読み……14

B　訓読み――表外漢字の訓読み……22

C　表外音訓の読み――常用漢字表の表外音訓の読み……30

D　熟語の読み――熟語の音と訓の読み……38

二　書き

書き（解説）……48

E　書き取り――常用漢字表〝表内・表外〟漢字の書き取り……52

F　同音異字・同訓異字の書き分け……58

G　誤字訂正……65

H　書き換え漢字……67

I　対義語・類義語……71
J　四字熟語……79
K　故事・成語・諺……89

三　文章

文章（解説）……98
L　文章を読み、書く……100

付録……資料

一、準一級用漢字音訓表……123
二、常用漢字の表内・表外の音訓表……151
三、人名漢字表……187
四、国字一覧表……189
五、審査基準・採点基準……193

一　読み

読み（解説）

A　音読み――表外漢字の音読み

B　訓読み――表外漢字の訓読み

C　表外音訓の読み――常用漢字表の表外音訓の読み

D　熟語の読み――熟語の音と訓の読み

一　読み（解説）

準一級「漢字」学習の目標

現代の国語の文章、漢字仮名交じり文に用いられている漢字の字種が、日常生活で目に触れるものでも四千字種や五千字種はある。それは常用漢字表に掲げる一、九四五字種を遥かに越えているのであるから、少なくともＪＩＳ第１水準漢字集合、約三千字種に関しては知識、教養として身に付けておくことは必要である、ということになる。

そこで、この約三千字種につき一覧表を用意して、一字一字の字種につき、知っている、まだ知らないというチェックをして攻略するという学習方法もあるであろう。その際、それぞれの字種についての音と訓とが幾つもある文字もあるから、それに及んで当然一つ一つ確かめなければならない。この方法は、いささか機械的であり味気ないような気もする。

今一つの方法は、日本漢字能力検定協会で過去に出題した問題に全体的に詳しく目を通し、自分の実力の程度を検討するというものである。この方法によれば、一字一字の漢字の字種が、どのような字体で用いられ、どのような音か訓かによってどのような語や句として活きて具体的に使われているかなどということが、目の当たりに分かるし、極めて効率的に理解することができ、そして知識、教養として整理された形で身に備わるということになろう。

ここには、この方法による学習の援助をするという目的で、これまでに出題された漢字の字種を取り上げ、整理して並べてある。したがって、本書に収められている問題に即して順を追い学習を進めていけば、「準一級」において取り上げられる字種にはどのようなものがあるかということに関しての大概を心得ることができるであろう。漢字は文章中に用いられ、その文脈の中で具体的に活きて意味を持つ。したがって、語や句、熟語などを短文の中で正しく使っているものに接して、その漢字の意味、用法に慣れることが望ましい。

「準一級」漢字学習は、その約三千字種につき、それぞれの字体と音訓とを知識として獲得することを目標とする。過去に出題された問題に数多く当たってみることがそのための効果的で効率的な学習法となる。

問題の分類・整理

文章中の漢字はまず「読む」ことが出来て、その文脈における意味が分かる必要がある。そこで「一 読み」の章は、漢字の字種群を通して、国語（日本語）の語や句を更に増加していくこと、「理解語彙」を豊かにすることをその目標とする。

「A 音読み――表外漢字の音読み」は、「JIS第1水準漢字集合」中の、常用漢字表に掲げる漢字以外の字種について取り上げ、その「音読み」が正しく出来るかどうかを問うものである。

例えば、「痩軀にはこたえる重さだ。」「艶冶な舞に酔う。」という短文中のそれぞれの傍線部分は「そうく」「えんや」と読む。「痩軀」とはやせた体、「艶冶」とはなまめかしく美しい様子を表す。ここで「痩」「軀」「艶」「冶」のいずれの漢字も、常用漢字表の表外漢字である。しかし、熟語としては表内、表外の漢字の字種が混じっている場合も勿論ある。例えば「城砦（じょうさい）」「深淵（しんえん）」「馴致（じゅんち）」という熟語のうち「砦、淵、馴」は表外漢字、「城、深、致」は表内漢字である。このような語も出題される。

なお、漢字の読みを表す仮名遣いは、「現代仮名遣い【昭和61（一九八六）年、内閣告示・訓令】」による。

「B 訓読み――表外漢字の訓読み」は、「JIS第1水準漢字集合」中の、常用漢字表に掲げる漢字以外の字種について取り上げ、その「訓読み」が正しく出来るかどうかを問うものである。

例えば、「人を蔑ろにする言動だ。」「七十にして矩を越えず。」という短文中のそれぞれの傍線部分は「ないがし（ろ）」「のり」と読む。「蔑ろ」という和語（訓読みの語）は、「あなどる、軽んじる、無視する」といった気持ちを表す。「蔑」は日常「軽蔑《べつ》する。侮蔑する。蔑視する。」などの語で使われる。よく言われるように国語は和語も漢字を用いて表されるのであるから、音訓相補により記憶すると効果的である。この例で言えば「軽蔑」と「蔑ろ」とを併せて覚えるとよい。「矩」ならば、「矩形《くけい》、規矩《く》準縄」と「矩《のり》」とを連合させて覚えるとよい。

「C 表外音訓の読み――常用漢字表の表外音訓の読み」は、常用漢字表に掲げる字種一、九四五字につき、表に掲げる音訓の外の音訓を取り上げるものである。

例えば「動もすると感情的になる。」という文に接した時、常用漢字表内の音訓の知識であると「活動、運動、動力」などの「動《どう》」を思い浮かべる。「動《うご》く、動《うご》かす」では当てはまらないなどと考えて、「どうもする」と読んでしまいがちである。ここは表外の訓読みの知識、和語の知識、更に言えば豊富な語彙の知識があれば「動《やや》もすると」と読むことができるであろう。「ややもすると」とは「ともすれば。とかく、そういう傾向がある。そうなりがちである。」というような判断が働く時に用いる言い表し方である。このような表外の音訓について知識があってこそ、国語の理解力が隅々にまで行き渡ることとなり、またニュアンスを込めて配慮ある表現をすることが出来るようになる。

問題例で更に見てみよう。「申し出を諾う気はない。」については、常用漢字表内の音訓欄には音「ダク」のみを掲げてある。「諾否。承諾。」などの語でよく用いる。これは和語（つまり訓読み）で「うべな（う）」。また「式典の席を設える。」については、どうであろうか。常用漢字表の音訓欄（例欄）を見ると、「セツ（設立、設備、建設）」「もうける（設ける）」とある。ここの「もうける」は「設える」の訓としては当てはまらない。文脈から判断して「しつら（える）」という語を当てることとなる。

「委」について。「委員、委託、委嘱」の委は「委《ゆだ》ねる。まかせる。」であり、「委細、委曲」の委は「くわしい。こまかい。つまびらか。」の意である。また「委棄」の委は「捨てる。放っておく。」の意である。この意味が読みを決めることとなるが、「読み」が古くから使い続けられてきたかどうかにもかかる。

スポーツでは「雪辱」という語をしばしば使う。この「雪」は、降る「ゆき（雪）」ではない。「辱」の音「ジョク」、訓「はずかしめる。はじ。かたじけない。」であるが、この語での辱は恥（はじ）、恥辱（ちじょく）のこと。「雪」はその恥辱を「すすぐ。そそぐ。ぬぐう。（不名誉なことを除き払うという意味。）」ということである。一般に「すすぐ（そそぐ）」と読んでいる。

「創作」の創は「つくる」であるが、では「万身創痍《い》」の創はどういう訓読みを与えるのか。これは「絆《ばん》創膏《こう》」「刀創」などの語と併せて考えれば、「きず」と分かる。

品物についてその値段が「高い、安い」につき「高価、安価」と言う。では「廉価」の廉につき音「廉《れん》」とは知っていても、訓は？　これも「廉《やす》い」である。「廉価品。廉売。」などの語もある。また別に「清廉潔白」「廉潔」「廉直」などという語の場合は「廉（きよい。いさぎよい。）」である。「破廉恥」の廉もこれである。

このように、漢字の字種一字一字につき仔細に見ていくと、一字種につき一意味に限られるものばかりではないことが分かる。このようなことにも注意し、読みと意味とを明らかにしながら語や句を記憶し、語彙を豊かにするとよい。

「D　熟語の読み――熟語の音と訓の読み」は、熟語の読み（音読み）とその熟語中の一字につき、その熟語の語義にふさわしい訓読みとを明らかにするものである。つまり、一字一字の漢字の字種につき、その意味が二つ以上あるものもあることを心得て漢字で表されている言葉（熟語）を理解する必要があるということである。

例えば「天佑（てんゆう）」とは「天の佑《たす》け」、「永訣（えいけつ）」とは「永い訣《わか》れ」、「沈澱（ちんでん）」とは「沈み澱《よど》む」、「挽車（ばんしゃ）」とは「車を挽《ひ》く」、「寓意（ぐうい）」とは「意を寓《かこつ》ける（何らかの意味を表すために、他の物事に関係づけて表す）」、「厭世（えんせい）」とは「世《よ》を厭《いと》う」というように、音読みと訓読みとが意味が理解されている上で、正しく表すことができることである。

これは、国語の語や句につき、一つ一つ、日頃から正しく理解し、使用するようにする意欲や態度を持ち続けることが大切である。それには、こまめに国語辞典や漢和辞典を引くことである。そして、メモやノートを取り書き記すことも記憶を鮮明にし正しくすることとなろう。

以上のように、まず漢字を文章の文脈に即して正しく読むという基礎を固めるのである。

A 音読み――表外漢字の音読み

問　次の傍線部分の読み（すべて音読み）をひらがなで記せ。

①

1 謬見が多くて説得力がない。
2 斯界の権威者に依頼した。
3 彼此の別を明らかにする。
4 眉目秀麗で痩軀の青年だ。
5 錫杖を鳴らして修験者が行く。
6 蔵の臼杵の損傷を調べる。
7 堆朱の椀を揃えた。
8 服を着替え厩舎に出掛けた。
9 珍味佳肴の味を知った。
10 代表による鼎談は内容が充実していた。
11 筏を組み急灘を乗り越えた。
12 疑惑を払拭する必要がある。
13 強靱な精神力を持っている。
14 父母の膝下を離れた。
15 廟堂の高きに居りては則ち其の民を憂う。

②

1 神社の禰宜となった。
2 古い建物が櫛比する町だ。
3 汚瀆への道を振り切った。
4 晦渋な文章だ。
5 敵の守備を破り撞入する。
6 俗世を厭離し山に入る。
7 山小屋に釜竈を設える。
8 友の厳しい口吻に驚いた。
9 鮭が溯上する季節となった。
10 名諺としてよく知られた言葉だ。
11 昔の友の凋残の姿を見た。
12 葱青の高原に遊んだ。
13 事態は混沌としてきた。
14 美しい玉の箭頭が発掘された。
15 作品を集め上梓することになった。

答

①

1	2	3	4	5	6	7	8	9	10	11	12	13	14	15
びゅうけん	しかい	ひし	そうく	しゃくじょう	きゅうしょ	ついしゅ	きゅうしゃ	かこう	ていだん	きゅうだん きゅうたん	ふっしょく	きょうじん	しっか	びょうどう

②

1	2	3	4	5	6	7	8	9	10	11	12	13	14	15
ねぎ	しっぴ	おとく	かいじゅう	とうにゅう	おんり えんり	ふそう	こうふん	そじょう	めいげん	ちょうざん	そうせい	こんとん	せんとう	じょうし

問　次の傍線部分の読み（**すべて音読み**）を**ひらがな**で記せ。

①

1 古代は卦兆で国が動いた。
2 大海の波濤を眺める。
3 加盟国の紐帯となる条約である。
4 天災に備え稲粟を備蓄する。
5 巽言の重みを知った。
6 楓葉荻花の風景を描く。
7 家々から砧声が響く。
8 弘誓の船にさおさして生死の苦海を渡る。
9 豊稔を神に祈る。
10 庭木の揃刈を依頼した。
11 鹿茸は漢方薬として用いる。
12 老父母の椿寿を祝う。
13 弥縫策は失敗した。
14 中国で熊掌を味わった。
15 黛青の色鮮やかな山に入る。

②

1 這般の情勢を慎重に検討した。
2 死は鴻毛より軽し。
3 友の鶯遷を祝う会を開いた。
4 党の領袖として活躍した。
5 写真の豊頰の少年は私だ。
6 陰暦の閏月の記録を調べる。
7 深夜警備員に誰何された。
8 修験者が頭につける兜巾だ。
9 難関突破に快哉を叫ぶ。
10 大きな菱花鏡が陳列されている。
11 激変を見抜く慧眼を持っていた。
12 蕪辞を連ねて祝辞とした。
13 遠慮のないご叱正をお願いします。
14 儲君としての厳しい教育がある。
15 読書三昧の日を過ごす。

答

①

1	2	3	4	5	6	7	8	9	10	11	12	13	14	15
かちょう	はとう	ちゅうたい じゅうたい	とうぞく	そんげん	てきか	ちんせい	ぐぜい	ほうじん	せんがい	ろくじょう	ちんじゅ	びほう	ゆうしょう	たいせい

②

1	2	3	4	5	6	7	8	9	10	11	12	13	14	15
しゃはん	こうもう	おうせん	りょうしゅう	ほうきょう	じゅんげつ	すいか	ときん	かいさい	りょうか	けいがん	ぶじ	しっせい	ちょくん	さんまい

問　次の傍線部分の読み（**すべて音読み**）を**ひらがな**で記せ。

①

1 馨逸の名木である。
2 平家の後胤と名乗っている。
3 乞骸の書を置く。
4 凌雲の思いがある。
5 熊の爪牙は危険だ。
6 律呂を調えて演奏の時を待つ。
7 壺中の天に遊ぶ。
8 祭りに甥姪が揃った。
9 珍しい雌蕊の形だ。
10 岡陵に砦の跡が残っている。
11 厨室を改修することになった。
12 廟議での決定を知らせる。
13 難破船を曳航してきた。
14 荏苒として日を過す。
15 苧麻の織物を商っている。

②

1 この書をいつも枕頭に置いている。
2 新分野の尖兵として活躍した。
3 昨日の火事で家財は烏有に帰した。
4 欽慕の念を抱いている。
5 中国の朔北の地を歩いてきた。
6 宮殿の勾欄の装飾が見事だ。
7 戎馬を殺して狐狸を求む。
8 艶冶な舞い姿に見惚れた。
9 夙夜 宴が続いている。
10 厩舎を改築することになった。
11 堂内を拭浄して待つ。
12 秘蔵の象箸を贈ることにした。
13 故郷の翠黛を思い出す。
14 異物を咽下したが無事だった。
15 仏像を大きな天蓋で覆った。

答

①

1	2	3	4	5	6	7	8	9	10	11	12	13	14	15
けいいつ	こういん	きつがい	りょううん	そうが	りつりょ	こちゅう	せいてつ	しずい	こうりょう	ちゅうしつ	びょうぎ	えいこう	じんぜん	ちょま

②

1	2	3	4	5	6	7	8	9	10	11	12	13	14	15
ちんとう	せんぺい	うゆう	きんぼ	さくほく	こうらん	じゅうば	えんや	しゅくや	きゅうしゃ	しょくじょう	ぞうちょ	すいたい	えんか えんげ	てんがい

問　次の傍線部分の読み（**すべて音読み**）を**ひらがな**で記せ。

①

1 雛僧に導かれて本堂に入る。
2 跨線橋がやっと完成した。
3 山中の邑落に逗留した。
4 鉤餌の準備が万全だ。
5 封書を投函する。
6 絢飾きらびやかな衣装を着た。
7 錫杖の音を響かせて山伏の列が進む。
8 狐狸が人をだます昔話だ。
9 記念切手を貼用します。
10 郷土の稗史を一読した。
11 古代では亀卜で吉凶を判じた。
12 捕らえて鞫問する。
13 禾穀豊かな土地だ。
14 塵芥処理問題が注目されている。
15 若くから穎異の人と知られている。

②

1 神輿を清める儀式だ。
2 無碍自在の境地に達したい。
3 夜叉の如き形相になった。
4 敵前で歩哨に立つ。
5 酋領の協力で調査できた。
6 老爺が田の草を抜いている。
7 竈神に祈る習慣が残っている。
8 立派な翰墨が机上にあった。
9 糠味噌が腐る。
10 前代未聞の椿事に驚く。
11 厩に牝牡二頭の子馬がいる。
12 逼急している事態を報告する。
13 筆鋒鋭い論評だ。
14 各地の俗諺を調査している。
15 午後二時に抜錨する予定だ。

答

①

1	すうそう
2	こせんきょう
3	ゆうらく
4	こうじ
5	とうかん
6	けんしょく
7	しゃくじょう
8	こり
9	ちょうよう てんよう
10	はいし
11	きぼく
12	きくもん
13	かこく
14	じんかい
15	えいい

②

1	しんよ
2	むげ
3	やしゃ
4	ほしょう
5	しゅうりょう
6	ろうや
7	そうしん
8	かんぼく
9	みそ
10	ちんじ
11	ひんぼ
12	ひっきゅう
13	ひっぽう
14	ぞくげん
15	ばつびょう

問　次の傍線部分の読み（すべて音読み）をひらがなで記せ。

①

1 まさに綱紀を匡正すべし。
2 念願の允可を得た。
3 座布団の横に脇息を用意した。
4 七夕に乞巧を祈る。
5 山賊の首魁を捕縛した。
6 新製品を嘗試する。
7 広大な沃土を耕す。
8 和紙を半帖用意する。
9 野生の動物を馴致した。
10 危うく兇刃に倒れるところだった。
11 古代の呪術を調査している。
12 心の深淵を覗く。
13 僻遠の地に居を移した。
14 秋風が禾黍の穂をそよがせている。
15 遊んで財産を蕩尽した。

②

1 草藁の浄書を終えた。
2 遠くから残蟬の声が聞こえる。
3 せっかくの努力も画餅に帰した。
4 孜孜として研究に励んでいる。
5 人を翫弄する癖を直しなさい。
6 事実を歪曲して報告している。
7 赫怒した顔は怖かった。
8 「乃公が出る」と大声で言った。
9 歳月を兎烏ともいう。
10 袖珍本を懐に入れて外出した。
11 主人は彼に葛衣を与えた。
12 古文書について造詣が深い。
13 宿の部屋に灘声が聞こえる。
14 挑戦者など歯牙にもかけない勢いだ。
15 「梁上の君子」とは盗人のことだ。

答

①

1	2	3	4	5	6	7	8	9	10	11	12	13	14	15
きょうせい	いんか	きょうそく	きっこう	しゅかい	しょうし	よくど	はんじょう	じゅんち	きょうじん	じゅじゅつ	しんえん	へきえん	かしょ	とうじん

②

1	2	3	4	5	6	7	8	9	10	11	12	13	14	15
そうこう	ざんせん	がべい がへい	しし	がんろう	わいきょく	かくど	だいこう	とう	しゅうちん	かつい	ぞうけい	だんせい たんせい	しが	りょうじょう

問　次の傍線部分の読み**（すべて音読み）**を**ひらがな**で記せ。

①

1 三十歳を而立と言う。
2 井蛙には海を語れない。
3 盤上にて烏鷺を戦わせる。
4 便りを鶴首して待つ。
5 蓑笠を付けて舟を漕ぐ。
6 登山用のズボンを補綴した。
7 国は危殆に瀕した。
8 納屋に粟粒の袋があった。
9 禅寺から竹篦の音が聞こえる。
10 昔、三位以上の高官を卿相と呼んだ。
11 米軍の廠舎が建っている。
12 第三埠頭で船を待つ。
13 鹿柴を二重三重にめぐらしてある。
14 機械は轟音をたてて動き始めた。
15 鉤餌を揃えて船に乗った。

②

1 曾遊の地に立ち寄った。
2 鶴九皐に鳴き、声 天に聞こゆ。
3 頁岩は板状に薄くはがれる。
4 中国古代の揖譲の礼を学ぶ。
5 瓦石同様の扱いだ。
6 新チームになかなかの尤物がいる。
7 君主を輔弼する任を受けた。
8 宿近くの汀渚を散歩した。
9 樟脳はクスノキから作る。
10 穆として清風の如き人だ。
11 漢方薬に熊胆を用いる。
12 地位を利用した瀆職事件だ。
13 何卒ご諒恕お願いいたします。
14 天地鬼神は満盈を悪む。
15 樗材ではありますが、と挨拶した。

答

①

1	2	3	4	5	6	7	8	9	10	11	12	13	14	15
じりつ	せいあ	うろ	かくしゅ	さりゅう	ほてい ほてつ	きたい	ぞくりゅう	ちくへい しっぺい	けいしょう	しょうしゃ	ふとう	ろくさい	ごうおん	こうじ

②

1	2	3	4	5	6	7	8	9	10	11	12	13	14	15
そうゆう	きゅうこう	けつがん	ゆうじょう	がせき	ゆうぶつ	ほひつ	ていしょ	しょうのう	ぼく	ゆうたん	とくしょく	りょうじょ	まんえい	ちょざい

問　次の傍線部分の読み（すべて音読み）をひらがなで記せ。

①

1　三月三日を上巳ともいう。
2　丞相の重責を担っている。
3　長旅の垢衣を脱いだ。
4　卜占で事を決める時代があった。
5　可憐な花が咲いていた。
6　地球は楕円形だ。
7　学校では漕艇部に所属した。
8　契約書に捺印した。
9　この山に先祖の霊廟がある。
10　燕尾服を着用する。
11　甑中に塵を生ず。
12　貨賂まさに甚だ厚からんとす。
13　豎子ともに謀るに足らず。
14　筆翰流るるが如し。
15　論を持して侃直なり。

②

1　豊頰の美人画を飾る。
2　山中の藪沢に迷い込んだ。
3　偏頗な考え方にならないようにする。
4　あまりにも溢美の言葉だ。
5　この船で川を遡行します。
6　柑橘系の香水が好まれている。
7　山小屋の煙が揺曳している。
8　印綬を帯びる。
9　わが茅屋に珍客が来た。
10　夙夜たゆまぬ努力をしている。
11　播種期を迎えて忙しい。
12　母のことを萱堂ともいう。
13　都邑の雑踏に驚く。
14　朝菌は晦朔を知らず。
15　人生を諦観する。

答

①

1	2	3	4	5	6	7	8	9	10	11	12	13	14	15
じょうし	じょうしょう じょうじょう	こうい くえ	ぼくせん	かれん	だえんけい	そうていぶ	なついん	れいびょう	えんびふく	そうちゅう	かろ	じゅし	ひっかん	かんちょく

②

1	2	3	4	5	6	7	8	9	10	11	12	13	14	15
ほうきょう	そうたく	へんぱ へんば	いつび	そこう	かんきつ	ようえい	いんじゅ	ぼうおく	しゅくや	はしゅ	けんどう	とゆう	かいさく	ていかん

問　次の傍線部分の読み（**すべて音読み**）を**ひらがな**で記せ。

①

1 斯界の大立者が登場した。

2 亥月は陰暦十月の別名である。

3 公孫樹は葉の形から鴨脚ともいう。

4 歩道にぺったりと尻坐している。

5 古代は剣と鉄楯を持って戦った。

6 新製品の機能は他を凌駕する。

7 腸の切除吻合の手術が無事終了した。

8 弓の達人で穿柳の人と呼ばれている。

9 葡萄を醱酵させてワインを造る。

10 人波の寸隙を縫って急いだ。

11 隣室から哀咽の声がもれてきた。

12 幼時から穎慧の人と注目されていた。

13 一層の御鞭韃を願う。

14 広い杏林から多くの実を収穫する。

15 最近蓬髪の若者をよく見る。

②

1 天秤を肩に商いに出る。

2 得難い中国産の繭紬の生地だ。

3 曝書のため図書館を休館する。

4 船は港の近くに投錨した。

5 敦朴な人柄で皆から好かれている。

6 宿の部屋から濤声がよく聞こえる。

7 焼酎のお湯割りを飲む。

8 唯々として命令に従う。

9 スポーツの醍醐味を味わう。

10 茸屋を大切に保存する。

11 友誼に厚く、言行一致の人だ。

12 酒色に耽溺して他を顧みない。

13 この役を演じるのは役者冥利に尽きる。

14 六宮の粉黛は顔色無きが如くなり。

15 閤を閉じて過ちを思う。

答

①

1	2	3	4	5	6	7	8	9	10	11	12	13	14	15
しかい	がいげつ	おうきゃく	こうざ	てつじゅん	りょうが	ふんごう	せんりゅう	はっこう	すんげき	あいえつ	えいけい	べんたつ	きょうりん	ほうはつ

②

1	2	3	4	5	6	7	8	9	10	11	12	13	14	15
てんびん	けんちゅう	ばくしょ	とうびょう	とんぼく	とうせい	しょうちゅう	いい	だいごみ	しゅうおく	ゆうぎ	たんでき	みょうり	ふんたい	こう

B 訓読み——表外漢字の訓読み

問　次の傍線部分の読み（すべて訓読み）をひらがなで記せ。

①

1 歪な形の花瓶だ。
2 繋ぎに一曲歌うことにした。
3 砦にこもって戦う。
4 相手を蔑ろにした態度だ。
5 姉に庇ってもらった。
6 人前で苛むのは可哀相だ。
7 動物に寓けて教えを説く。
8 春の日に屢訪れた。
9 樵の生活も長い。
10 骸にすがりついて泣く。
11 今少しで望みが潰えるところだった。
12 擢んでた力を持っている。
13 強風の煽りを食らって倒れた。
14 運命に弄ばれてきた。
15 同郷の誼で協力しよう。

②

1 山道で句を捻る人がいた。
2 五色の糸を撚って作る。
3 野生の鴇を見ることができた。
4 危篤の状態から蘇った。
5 古い時代の轍の跡です。
6 荒れた庭に蔓る草を刈る。
7 飯を篦で練って糊を作る。
8 難問に考え倦んでいる。
9 勝利の凱を聞く。
10 人を詑くことなかれ。
11 陰で誹るのはよくない。
12 何事も儘ならぬ世だ。
13 山肌に雪が斑に残っている。
14 自然の佑けを受ける。
15 その件は姑く置くとしよう。

答

①

1	2	3	4	5	6	7	8	9	10	11	12	13	14	15
いびつ	つな	とりで	ないがし	かば	さいな	かこつ	しばしば	きこり	むくろ なきがら	つい	ぬき	あお	もてあそ	よしみ

②

1	2	3	4	5	6	7	8	9	10	11	12	13	14	15
ひね	よ	とき	よみがえ	わだち	はびこ	へら	あぐ	かちどき	あざむ	そし	まま	まだら	たす	しばら

問　次の傍線部分の読み（**すべて訓読み**）を**ひらがな**で記せ。

①

1 同種製品の魁として発表した。
2 永い間の貢献を嘉する。
3 状況を判断して鋒を収める。
4 誘われて俳句を玩ぶようになった。
5 煽てて話がまとまった。
6 鵜匠の綱さばきに思わず舷をたたく。
7 肱を張って歩く。
8 担当者を呼び訊ねる。
9 凄まじい気力で迫ってきた。
10 不安に苛まれる日々だ。
11 尖い目で見つめられた。
12 菰を着て身を隠した。
13 倦まぬ努力が結実した。
14 神の苑に入った思いがする。
15 蔀を上げて月を見た。

②

1 靭やかさを保つ秘訣がある。
2 遭難者の骸が発見された。
3 好天に恵まれ仕事が捗る。
4 選びぬいた竹で矢を矧ぐ。
5 遜るのも自然がよい。
6 心の澱をさっぱりと除くことができた。
7 蛭が肩に落ちてきた。
8 理に蒙い人々が多い。
9 爾　悪声を出すことなかれ。
10 袴の裾を纏ってもらった。
11 あまりに聡いのが心配だ。
12 篠突く雨の中を走った。
13 八重葎の生い茂る庭だ。
14 厩の掃除をする時間だ。
15 堆く朱色を塗り重ねてある。

答

①

1	2	3	4	5	6	7	8	9	10	11	12	13	14	15
さきがけ	よみ	ほこ	もてあそ	おだ	ふなばた ふなべり	ひじ	たず	すさ	さいな	するど	こも	う	その	しとみ

②

1	2	3	4	5	6	7	8	9	10	11	12	13	14	15
しな	むくろ なきがら	はかど	は	へりくだ	おり	ひる	くら	なんじ	まつ	さと	しの	やえむぐら	うまや	うずたか

問　次の傍線部分の読み（すべて訓読み）を**ひらがな**で記せ。

①

1 些か納得し難い。
2 担当を劃かつ相談をする。
3 悉く図に当たった。
4 弄れの会話で時が過ぎた。
5 賂いの品を受けた。
6 文学は人生の謂だと思う。
7 少しも忽せにしない性格だ。
8 僻言は聞きづらい。
9 鑓を見事に使っている。
10 庭の栃が大きくなってきた。
11 珍しく鱈が釣れた。
12 筆が禿びている。
13 煽りながら寄り倒した。
14 疏かな仕事ぶりに呆れる。
15 瓢を腰に旅に出た。

②

1 籾を箕でふる。
2 攻め倦み他の方法を考える。
3 事は頗る好調に運んでいる。
4 捌けた扱いに感服した。
5 相手の勢いに一瞬怯んだ。
6 粘土の原型を篦で削っている。
7 昔の廓の面影が残っている。
8 人を蔑むような目で見る。
9 宛ら夢を見ているようだ。
10 硲の村に当分滞在する。
11 種籾を出す季節がきた。
12 椛の色鮮やかな秋を待つ。
13 遺跡から甑が発掘された。
14 地方の政情をあまねく按べる。
15 この症状は疹の疑いがある。

答

①

1	2	3	4	5	6	7	8	9	10	11	12	13	14	15
いささ	わ	ことごと	たわむ	まいな	いい	ゆるが	ひがごと	やり	とち	たら	ち	あお	おろそ	ふくべ・ひさご

②

1	2	3	4	5	6	7	8	9	10	11	12	13	14	15
み	あぐ	すこぶ	さば	ひる	へら	くるわ	さげす	さなが	はざま	たねもみ	もみじ	こしき	しら	はしか

問　次の傍線部分の読み（**すべて訓読み**）を**ひらがな**で記せ。

①

1 蹄の音で眼を覚ました。

2 新鮮で大きな鰯だ。

3 鴫立つ沢の秋の夕暮れ。

4 匁の単位で計る道具だ。

5 体調は頗るよろしい。

6 浮き世の柵で離れられない。

7 賓客を饗す酒肴を吟味している。

8 姉が妹を宥めている。

9 謬った方向を修正した。

10 木が蝕まれて弱ってきた。

11 環境を変えて蘇らせた。

12 沫を上げて船が進む。

13 溯って事実の確認をした。

14 ようやく水が捌けてきた。

15 職を瀆す行為は許せない。

②

1 坐らにして知ることができた。

2 隣室から咽ぶ声が聞こえてきた。

3 後悔の念が心を掠めた。

4 幼児向きの噺を作る。

5 桝を検査に提出した。

6 海は穏やかに凪いでいる。

7 巷の噂に名が出ていた。

8 転倒して肘を痛めた。

9 穿った見方をする人だ。

10 座敷の襖を新しくした。

11 不安に苛まれる。

12 宥して仲良くする。

13 乍ち明るい雰囲気になった。

14 自宅は城から巽の方角だ。

15 鴇色の布地に惹かれた。

答

①

1	2	3	4	5	6	7	8	9	10	11	12	13	14	15
ひづめ	いわし	しぎ	もんめ	すこぶ	しがらみ	もてな	なだ	あやま	むしば	よみがえ	しぶき	さかのぼ	は	けが

②

1	2	3	4	5	6	7	8	9	10	11	12	13	14	15
いなが	むせ	かす	はなし	ます	な	ちまた	ひじ	うが	ふすま	さいな	ゆる	たちま	たつみ	ときいろ

問　次の傍線部分の読み（**すべて訓読み**）を**ひらがな**で記せ。

①

1 陸奥の菅薦は名高い。
2 鴛鴦は仲睦まじい夫婦に例える。
3 昔は糠袋をよく使った。
4 相手の隙を見つけて攻める。
5 あわてて鐙を踏み外した。
6 暗やみの中を辿ってきた。
7 功績を讃える文を書く。
8 柑橘系の匂いが好きだ。
9 栂は堅い材質である。
10 貯蔵していた籾を取り出す。
11 話の内容は尤もだ。
12 友だちは急に萎れ返った。
13 長電話に殆あきれる。
14 櫓の上から見渡した。
15 托鉢僧の鉦の音が近付いてきた。

②

1 尉と姥の置物を飾った。
2 杖を持ち笈を負った。
3 夙に起き、夜に寝《い》ぬ。
4 沃えた一画を譲ることにした。
5 昔の誼で話がまとまった。
6 愈出番がきた。
7 友を戒む文を書く。
8 経過を悉に見ていた。
9 凧に竜の絵を描いた。
10 神棚に榊を供える。
11 会議の進行が捗捗しくない。
12 ふと疑いの心が萌した。
13 蕩けるような台詞だ。
14 両手で水を掬ぶ。
15 創作への意欲が氾れてきた。

答

①

1	2	3	4	5	6	7	8	9	10	11	12	13	14	15
すがごも	おしどり おし	ぬかぶくろ	すき	あぶみ	たど	たた	にお	つが・とが	もみ	もっと	しお	ほとほと	やぐら	かね

②

1	2	3	4	5	6	7	8	9	10	11	12	13	14	15
うば	おい	つと	こ	よしみ	いよいよ	いた	つぶさ	たこ	さかき	はかばか	きざ	とろ	むす	あふ

問　次の傍線部分の読み**（すべて訓読み）**を**ひらがな**で記せ。

①

1 空き地に葎が生い茂っている。
2 歪になった形を直す。
3 石畳の道に古代の轍の跡が残っている。
4 ワインの澱を取り除く作業だ。
5 痩せ曝えた犬が道を横切った。
6 樵が通る道を歩いた。
7 靭やかな素材で色も美しい。
8 花橘の郁しさが好まれた。
9 艶かしいしぐさで踊っている。
10 樫の机を愛用している。
11 屋根近くの椙の枝を切った。
12 木の葉から雫が落ちた。
13 仕事で屢海外へ出かける。
14 凄まじい勢いで打ちかかってきた。
15 矢を矧ぐ仕事をしている。

②

1 舞台の艶姿に魅せられた。
2 瑞穂の国と呼ぶこともある。
3 季節の魁となる花が咲いた。
4 只管勝利を祈る。
5 事は忽せにする所から起こる。
6 鉤型にまがった通路だ。
7 かわいい禿髪の幼女の姿を描いている。
8 窟の壁画が素晴らしい。
9 原案は独善の誹りを免れない。
10 正装して檜扇を持った。
11 斑入りの観葉植物を集める。
12 背の高い笹藪に入り、道に迷った。
13 柾目の美しい桐を薄く削って使う。
14 まさに国家を匡し補うべし。
15 爾の極にあらざるはなし。

答

①

1	2	3	4	5	6	7	8	9	10	11	12	13	14	15
むぐら	いびつ	わだち	おり	さらば	きこり	しな	かぐわ	なまめ	かし	すぎ	しずく	しばしば	すさ	は

②

1	2	3	4	5	6	7	8	9	10	11	12	13	14	15
あですがた	みずほ	さきがけ	ひたすら	ゆるが	かぎがた	かむろ かぶろ	いわや ほらあな	そし	ひおうぎ	ふ	ささやぶ	まさめ	ただ	なんじ

問　次の傍線部分の読み（**すべて訓読み**）を**ひらがな**で記せ。

①

1 朱漆を堆く塗り重ねる。
2 誠は韮の葉に包む。
3 鏡を見てひどい痩けように驚いた。
4 海岸の苫屋で雨を凌ぐ。
5 灼な薬効に家族は喜んだ。
6 厨の一部を改修する。
7 宛ら人形のように愛らしい。
8 荻はイネ科の多年草で水辺に茂る。
9 濠は築城の大きな要件だ。
10 功績を嘉しての褒章だ。
11 賤が庵へお寄りください。
12 鑓の達人として世に知られた武士だ。
13 栃餅の土産を楽しみにしている。
14 雨にかみあらい、風に櫛る。
15 民を愛する王の国は彊し。

②

1 堤防に雑草が蔓っている。
2 この辺りは頓に人家が増加している。
3 この地は都の艮に当る。
4 苧殻を焚いて祖先を迎える。
5 虎は叢に姿を隠した。
6 擢んでた技で勝ち進む。
7 葛縄でしっかり括っている。
8 錘をなくし、つりにならない。
9 奇岩が峙つ山だ。
10 あの硲に見える村まで行きます。
11 鱈は北の海にすむ。
12 歪んだ釜に歪んだ甑。
13 迅雷　耳を掩うに暇あらず。
14 戟を亡いて矛を得。
15 天を怨まず、人を尤めず。

答

①

1	2	3	4	5	6	7	8	9	10	11	12	13	14	15
うずたか	にら	こ	とまや	あらたか	くりや	さながら	おぎ	ほり	よみ	しず	やり	とちもち	くしけず	つよ

②

1	2	3	4	5	6	7	8	9	10	11	12	13	14	15
はびこ	とみ	うしとら	おがら	くさむら	ぬき	かずらなわ	おもり	そばだ	はざま	たら	こしき	おお	ほこ	とが

問　次の傍線部分の読み（**すべて訓読み**）を**ひらがな**で記せ。

①

1 紅葉に些か時期がずれた。
2 浅葱色の帯がよく合う。
3 隼が獲物をねらっている。
4 升で量って箕でこぼす。
5 裳裾の長い舞台衣装だ。
6 暫く様子を覗うことにした。
7 山村の夜、砧の音が聞こえてきた。
8 海岸近くに鋸鮫が現れた。
9 巷の噂では好評だ。
10 次の辻を右に曲がる。
11 「鴫の羽搔き」とは回数の多いこと。
12 我が家は京の都の巽の方角だ。
13 久しぶりに黍餅を食べた。
14 漸を杜ぎ萌を防ぐ。
15 額には箭は立つとも背《そびら》には箭は立てじ。

②

1 箕で穀物を簸る。
2 大雨で堤防が潰えそうだ。
3 菰むしろで周りを囲う。
4 日本料理で客を饗す。
5 坐らにして情勢を知る。
6 乳母車に幌を取り付けた。
7 権力に阿る評論だ。
8 自ら彊めて怠らない。
9 篦で絵の具を混ぜる。
10 山道で冷たい水を掬う。
11 籾摺りも今は機械だ。
12 良識の枠を超えた行為だ。
13 幸福とは満足の謂にほかならない。
14 旺んな闘志がにじみでる。
15 盈つるをにくみて謙を好む。

答

①

1	2	3	4	5	6	7	8	9	10	11	12	13	14	15
いささ	あさぎ	はやぶさ	み	もすそ	うかが	きぬた	のこぎりざめ	ちまた	つじ	しぎ	たつみ	きびもち	ふさ	や

②

1	2	3	4	5	6	7	8	9	10	11	12	13	14	15
ひ	つい	こも	もてな	いなが	ほろ	おもね	つと	へら	すく	もみ	わく	いい	さか	み

C 表外音訓の読み――常用漢字表の表外音訓の読み

問　次の傍線部分は常用漢字である。その**表外の読み**を**ひらがな**で記せ。

①

1 徒に時が過ぎてゆく。

2 何と論われても平気だ。

3 老後を約やかに暮らす。

4 随分字句を文った祝辞だ。

5 道路が凍てついている。

6 赤子の幼いしぐさに微笑む。

7 遊学中の零れ話を聞く。

8 計量器の度を正確に読む。

9 丁寧に手紙を認めました。

10 長寿の祖母に肖りたいものだ。

②

1 濃やかなお心づかいを頂きました。

2 全国に周く知られている。

3 病気に託けてずる休みをする。

4 なかなか稿どおりにはいかない。

5 幼児を拐して逮捕された。

6 知人の媒で結婚式を挙げた。

7 いずれ復お伺いします。

8 決定の後に凝りを残す。

9 観客は五万に垂とする。

10 仇敵に積年の恥を雪ぐ。

③

1 鈍色の袴をつける。

2 動もすれば遅れがちになる。

3 禍福は糾える縄のごとし。

4 登頂隊の殿をつとめる。

5 湖畔の道を漫ろに歩く。

6 長年の望みが適って何よりです。

7 就職のために伝を頼る。

8 恥ずかしさで体中が熱る。

9 炉端の栗が勢いよく爆ぜる。

10 犬に出くわし思わず後退りした。

答

①

1	2	3	4	5	6	7	8	9	10
いたずら	あげつら	つづま	かざ	い	いとけな	こぼ	めもり	したた	あやか

②

1	2	3	4	5	6	7	8	9	10
こま	あまね	かこつ	したがき	かどわか	なかだち	また	しこ	なんなん	すす そそ

③

1	2	3	4	5	6	7	8	9	10
にび	やや	あざな	しんがり	そぞ(すず)	かな	つて	ほて	は	あとずさ あとじさ あとしざ

問　次の傍線部分は常用漢字である。その**表外の読みをひらがな**で記せ。

①

1 適旧友に出会った。

2 現場を具に見て回る。

3 祝いに薦被りの酒樽をあける。

4 内憂外患交至る。

5 終始礼節を弁えた態度でいる。

6 短時間で仕事を熟す。

7 芭蕉は人生を旅に准えた。

8 旧習に泥んでいてはいけない。

9 地蜂のように胴体が括れる。

10 特価品の売り場に人が集る。

②

1 罷り間違えば大事故になるところだった。

2 概ね晴天が続くでしょう。

3 勉学に勤しむ毎日です。

4 旧友に奇しくもめぐりあえた。

5 散で売ってくれませんか。

6 膳に酢の和え物を添える。

7 最初は徹底的に扱かれた。

8 昔年の恥を雪ぐ時が来た。

9 大分気分が解れてきたようだ。

10 人は己を約やかにすべし。

③

1 空に浮かんだ一片の雲。

2 競い込んで勝負に臨む。

3 今年も標の内が過ぎてしまった。

4 返事を焦らす。

5 偏に皆様方のご協力の賜です。

6 庭の草も末枯れてしまった。

7 はなしの緒をつかむ。

8 財布の中には千円某しかない。

9 事件の真相を劾く。

10 主人から用事を託かる。

答

①

1	2	3	4	5	6	7	8	9	10
たまたま	つぶさ	こもかぶ	こもごも	わきま	こな	なぞら なずら	なず	くび	たか

②

1	2	3	4	5	6	7	8	9	10
まか	おおむ	いそ	く	ばら	あ	しご	すす そそ	ほぐ	つづま

③

1	2	3	4	5	6	7	8	9	10
ひとひら	きお	しめ	じ	ひとえ	うら	いとぐち	なにがし	あば	ことづ

問　次の傍線部分は常用漢字である。その**表外の読みをひらがな**で記せ。

①

1 夕方のことで確とは見えなかった。

2 衣装に雅を競っている。

3 寛ぐ席を用意しています。

4 議事進行を掌っている。

5 得点を均すと六十点になる。

6 戯れも昂じると喧嘩になる。

7 心変わりを詰られた。

8 雨が激しくなり剰え日も暮れてきた。

9 相手の対面を慮るべきだ。

10 伝統に則った儀式でした。

②

1 頑に意地を張り通している。

2 母の喜寿を賀ぶ。

3 鎖された世界に新風を吹き込む。

4 羅を脱ぐ季節になった。

5 いつまでも朽れることのない作品だ。

6 骨董品を漁って歩いている。

7 海千山千の強か者だ。

8 よく査べて提出する。

9 篤い志を受けてうれしい。

10 神仏を崇める家だ。

③

1 とうとう首を傾げてしまった。

2 無益なものと与するなかれ。

3 偏に君の努力による。

4 草むらに集く虫の音を聞く。

5 私かに思いを寄せている。

6 暮れ泥む空を眺める。

7 具に点検したが異常はなかった。

8 向こうに席を設えています。

9 娘を妻わす頃になった。

10 徒に時を過ごしている。

答

①

1	2	3	4	5	6	7	8	9	10
しか	みやび	くつろ	つかさど	なら	ざ	なじ	あまつさ	おもんぱか	のっと

②

1	2	3	4	5	6	7	8	9	10
かたくな	よろこ	とざ	うすぎぬ うすもの	すた	あさ	したた	しら	あつ	あが

③

1	2	3	4	5	6	7	8	9	10
かし	くみ	ひとえ	すだ	ひそ	なず	つぶさ	しつら	めあ	いたずら

問　次の傍線部分は常用漢字である。その**表外の読みをひらがな**で記せ。

①
1 申し出を諾う気はない。
2 人生をマラソンに擬えて話をした。
3 険しい崖を負んで隠れる。
4 藤の花が英長く咲いている。
5 亡き君主に殉う。
6 この区域を轄まっています。
7 経理の実態を糾すことにした。
8 一番の鳥が庭木に巣を作った。
9 御前に罷り出て申し上げる。
10 邪な思いを感じる。

②
1 尉と姥の置き物を飾った。
2 弟子を三年間扱いた。
3 係の者を呼んで質すことにした。
4 革めようとすると反対が出る。
5 任を完うできてうれしい。
6 国王に謁え親書を手渡した。
7 前例に鑑みて決めた。
8 毎日古書を漁り続けた。
9 意を尽くせなかった憾みが残る。
10 擬物と鑑定されてしまった。

③
1 約やかに暮らす。
2 外へ出ると胸の内が解れた。
3 若々しい項に心ひかれる。
4 中は少し括れている。
5 おいしくて堪えられない。
6 強かなねばりで逆転された。
7 二人の凝りを時間が解決した。
8 父を労う花束だ。
9 屯していた学生たちが動きだした。
10 石の階を上り湖を眺める。

答

①

1	2	3	4	5	6	7	8	9	10
うべな	なぞら なずら	たの	はなぶさ	したが	とりし	ただ	ひとつがい	まか	よこしま

②

1	2	3	4	5	6	7	8	9	10
じょう	しご	ただ	あらた	まっと	まみ	かんが	あさ	うら	まがい

③

1	2	3	4	5	6	7	8	9	10
つづま	ほぐ	うなじ	くび	こた	したた	しこ	ねぎら	たむろ	きざはし

問 次の傍線部分は常用漢字である。その表外の読みをひらがなで記せ。

①
1 アジア経済危急存亡の秋だ。
2 人を戦かせる音だった。
3 慶弔交至り、多忙だった。
4 渋滞に託ける言い訳が多い。
5 帳の後に隠れた。
6 動もすると感情的になる。
7 徒に事を大きくする。
8 時が迫り、気も漫ろだ。
9 予てお知らせした通りです。
10 「抑人生とは…」と講義が始まった。

②
1 法案成立の経過を具に語った。
2 それぞれの立場を慮っての結論だ。
3 先のことを予想して購うことにした。
4 幼い皇帝を擁り都を出発する。
5 丹塗りの鮮やかな鳥居だ。
6 研究に勤しむ毎日だ。
7 隣国と好を結んだ。
8 熟れの悪い文章だ。
9 縦に振る舞って満足している。
10 娘を妻わすことになった。

③
1 迷惑が分からない族は困る。
2 世界に普く知られている。
3 式典の来賓席を設える。
4 適見た絵画に影響された。
5 伝を頼って会社へきた。
6 一時的な徒花にすぎない。
7 家族に旅の思いを認める。
8 いかなる時も便わない。
9 途中で零してもかまわない。
10 態と笑ってみせる。

答

①

1	2	3	4	5	6	7	8	9	10
とき	おのの	こもごも	かこつ	とばり	やや	いたずら	そぞ すず	かね	そもそも

②

1	2	3	4	5	6	7	8	9	10
つぶさ	おもんぱか	あがな	まも	に	いそ	よしみ	こな	ほしいまま	めあ

③

1	2	3	4	5	6	7	8	9	10
やから	あまね	しつら	たまたま	つて	あだ むだ	したた	へつら	こぼ	わざ

問　次の傍線部分は常用漢字である。その**表外の読み**を**ひらがな**で記せ。

①

1 実に暮らしています。

2 商才に長けた人だ。

3 伝統に泥むばかりでは発展しない。

4 王に見える機会を得た。

5 やっと現に戻った。

6 熱った頬を両手で押さえる。

7 偏に精進の賜だ。

8 なんと論われても平気だ。

9 絵を仕上げて名を署した。

10 名人に肖り名を付けた。

②

1 予めことわっておく。

2 海の面が和いでいる。

3 よって件のごとし。

4 作品は粗できあがった。

5 湯上りのビールは堪えられない。

6 無事大任をやり果せた。

7 道の斜向かいに花屋がある。

8 歯に衣を着せぬ忠告だ。

9 滑りの多い魚だ。

10 ごみに塗れながら片付けた。

③

1 老いの遊びの作品を並べました。

2 旅先で偶買った壺です。

3 ご親切まことに辱く存じます。

4 箱から徐に取り出した。

5 話してみたが相変わらず頑であった。

6 詰る言葉が思わず強くなった。

7 離れていると一入恋しさが募る。

8 催し会場に人が集る。

9 いつも賢しらに振る舞っている。

10 翠は羽を以て自らを残なう。

答

①

1	2	3	4	5	6	7	8	9	10
まめ	た	なず	まみ	うつつ	ほて	ひとえ	あげつら	しる	あやか

②

1	2	3	4	5	6	7	8	9	10
あらかじ	な	くだん	ほぼ	こた	おお	はす	きぬ	ぬめ	まみ

③

1	2	3	4	5	6	7	8	9	10
すさ	たまたま	かたじけな	おもむろ	かたくな	なじ	ひとしお	たか	さか	そこ

問　次の傍線部分は常用漢字である。その表外の読みをひらがなで記せ。

①

1 謙った態度でもてなしている。
2 痴がましいが言わせてもらう。
3 戯けを尽くす。
4 製作に直向きに取り組む。
5 私かに傾倒している作家だ。
6 某かの費用が要ります。
7 五枚組の皿を散で売っていた。
8 木の幹を削る。
9 悪事に与しているとは知らなかった。
10 だらしなく脂下がっている。

②

1 括れに特徴のある壺だ。
2 約めて話すのでよくわからない。
3 名誉を選ぶか将金銭を選ぶか。
4 不吉な予感が過った。
5 謀叛の廉で捕まった。
6 思いが表情に露に出てしまう。
7 国王に謁える大広間です。
8 師の教えに戻ることはできない。
9 沖にイカを誘く船の明かりが見える。
10 和睦に肯じないばかりか反撃してきた。

③

1 縁側で好々爺がひげを扱いている。
2 代表が交立って演説した。
3 先代の記録を閲し整理する。
4 少女は微風に黒髪を戦がせていた。
5 会社は創立後百年に垂とする。
6 町の発展に与って力がある。
7 次第に難曲を熟すようになった。
8 家業に勤しむ姿を見て育つ。
9 時間をかけて気持ちの凝りをなくす。
10 人生を旅に擬えている。

答

①

1	2	3	4	5	6	7	8	9	10
へりくだ	おこ	たわ	ひた	ひそ	なにがし	ばら	はつ	くみ	やに

②

1	2	3	4	5	6	7	8	9	10
くび	つづ	はた	よぎ	かど	あらわ	まみ	もと	おび	がえん

③

1	2	3	4	5	6	7	8	9	10
しご	こもごも	けみ	そよ	なんなん	あずか	こな	いそ	しこ	なぞら なずら

問　次の傍線部分は常用漢字である。その**表外の読み**を**ひらがな**で記せ。

①

1力を人に伐ることはなかった。

2鹿苑寺は足利義満の法号鹿苑院殿に因んでいる。

3この時は方に真夏であった。

4日差しが木々の枝から零れる。

5国王への種々の贈り物を用意した。

6豪傑は聖賢を易る。

7予てからの計画の通りです。

8影響を慮り、公表を差し控えた。

9多忙に託けて出席しない。

10態と大きな声をだす。

②

1方針を革め、再出発する。

2宿まで遠いのに大雨で剰え日も暮れた。

3一幹部が会社の経営を縦にしている。

4皆の前で急に言葉が支えてしまった。

5公園の片隅にいつも屯している。

6目標達成は偏に皆の協力のおかげです。

7倹やかに暮らしています。

8万の神々に無事を祈る。

9新年を寿ぐ宴を催す。

10神仏の功徳に肖りたいと祈願した。

③

1どうやら実に暮らしているようだ。

2草むらに集く虫がいい音を聞かせる。

3この地を終の安住の住処と決めた。

4国王の傍らに侍り護衛する。

5才長け、見目麗しい女性です。

6道場に類まれな実力者がいる。

7社則に遵うことを宣誓した。

8犯人逮捕の緒となった証拠品だ。

9救助の人たちを労う場を用意した。

10甘言に負けず、邪な誘いを振り払った。

答　①

1	2	3	4	5	6	7	8	9	10
ほこ	ちな	まさ	こぼ	くさぐさ	あなど	かね	おもんぱか	かこつ	わざ

②

1	2	3	4	5
あらた	あまつさ	ほしいまま	つか	たむろ

6	7	8	9	10
ひとえ	つづま	よろず	ことほ	あやか

③

1	2	3	4	5	6	7	8	9	10
まめ	すだ	つい	はべ	た	たぐい	したが	いとぐち	ねぎら	よこしま

D 熟語の読み——熟語の音と訓の読み

問 次の**熟語の読み**と、その**語義**にふさわしい**訓読み**を（送りがなに注意して）**ひらがな**で記せ。

〈例〉健勝……勝れる→ | けんしょう | すぐ |

①

ア 1 闇莫……2 闇い
イ 3 恢郭……4 恢い
ウ 5 敏捷……6 捷い
エ 7 砥礪……8 礪く
オ 9 編纂……10 纂める
カ 11 蕪蔓……12 蔓る
キ 13 冒瀆……14 瀆す
ク 15 瑞穣……16 穣る
ケ 17 諫輔……18 諫める
コ 19 肇国……20 肇める

②

ア 1 呪罵……2 呪う
イ 3 禽獲……4 禽える
ウ 5 鳩首……6 鳩める
エ 7 歎賞……8 歎える
オ 9 賭博……10 賭ける
カ 11 詮索……12 詮べる
キ 13 茶托……14 托く
ク 15 破綻……16 綻びる
ケ 17 起臥……18 臥す
コ 19 愛撫……20 撫でる

③

ア 1 貰赦……2 貰す
イ 3 註釈……4 註す
ウ 5 董督……6 董す
エ 7 聡恵……8 聡い
オ 9 輯睦……10 輯らぐ
カ 11 優渥……12 渥い
キ 13 熔鋳……14 熔かす
ク 15 秀穎……16 穎れる
ケ 17 溯及……18 溯る
コ 19 点綴……20 綴る

答

①

ア		イ		ウ		エ		オ		カ		キ		ク		ケ		コ	
1	2	3	4	5	6	7	8	9	10	11	12	13	14	15	16	17	18	19	20
あんばく	くら	かいかく	ひろ	びんしょう	はや	しれい	みが	へんさん	あつ	ぶまん	はびこ	ぼうとく	けが	ずいじょう	みの	かんほ	いさ	ちょうこく	はじ

②

ア		イ		ウ		エ		オ		カ		キ		ク		ケ		コ	
1	2	3	4	5	6	7	8	9	10	11	12	13	14	15	16	17	18	19	20
じゅば	のろ	きんかく	とら	きゅうしゅ	あつ	たんしょう	たた	とばく	か	せんさく	しら	ちゃたく	お	はたん	ほころ	きが	ふ	あいぶ	な

③

ア		イ		ウ		エ		オ		カ		キ		ク		ケ		コ	
1	2	3	4	5	6	7	8	9	10	11	12	13	14	15	16	17	18	19	20
せいしゃ	ゆる	ちゅうしゃく	ときあか	とうとく	ただ	そうけい	さと かしこ	しゅうぼく	やわ	ゆうあく	あつ	ようちゅう ようしゅ	と	しゅうえい	す	そきゅう	さかのぼ	てんてい てんてつ	つづ

問　次の**熟語の読み**と、その**語義**にふさわしい**訓読み**を（送りがなに注意して）**ひらがな**で記せ。

①
ア　1 玩読……2 玩わう
イ　3 謙遜……4 遜る
ウ　5 蕩揺……6 蕩く
エ　7 按問……8 按べる
オ　9 輿望……10 輿い
カ　11 左輔……12 輔ける
キ　13 偏頗……14 頗る
ク　15 蟬聯……16 聯なる
ケ　17 激昂……18 昂る
コ　19 諮諏……20 諏る

②
ア　1 羨望……2 羨む
イ　3 丞相……4 丞ける
ウ　5 捧腹……6 捧える
エ　7 劃然……8 劃る
オ　9 淵玄……10 淵い
カ　11 啓蒙……12 蒙い
キ　13 八卦……14 卦う
ク　15 辞訣……16 訣れる
ケ　17 険岨……18 岨つ
コ　19 押捺……20 捺す

③
ア　1 祁寒……2 祁いに
イ　3 魁傑……4 魁きい
ウ　5 盈虚……6 盈ちる
エ　7 氾濫……8 氾れる
オ　9 棲息……10 棲む
カ　11 趨走……12 趨い
キ　13 粛穆……14 穆らぐ
ク　15 侮蔑……16 蔑ろ
ケ　17 編纂……18 纂める
コ　19 抜擢……20 擢く

答え

①

ア		イ		ウ		エ		オ	
1	2	3	4	5	6	7	8	9	10
がんどく	あじ	けんそん	へりくだ	とうよう	うご	あんもん	しら	よぼう	おお
カ		キ		ク		ケ		コ	
11	12	13	14	15	16	17	18	19	20
さほ	たす	へんぱ	かたよ	せんれん	つら	げきこう げっこう	たかぶ	ししゅ	はか

②

ア		イ		ウ		エ		オ	
1	2	3	4	5	6	7	8	9	10
せんぼう	うらや	じょうしょう しょうじょう	たす	ほうふく	かか	かくぜん	くぎ	えんげん	おくぶか ふか
カ		キ		ク		ケ		コ	
11	12	13	14	15	16	17	18	19	20
けいもう	くら	はっけ はっか	うらな	じけつ	わか	けんそ	そばだ	おうなつ	お

③

ア		イ		ウ		エ		オ	
1	2	3	4	5	6	7	8	9	10
きかん	おお	かいけつ	おお	えいきょ	み	はんらん	あふ	せいそく	す
カ		キ		ク		ケ		コ	
11	12	13	14	15	16	17	18	19	20
すうそう	はや	しゅくぼく	やわ	ぶべつ	ないがし	へんさん	あつ	ばってき ばったく	ぬ

問　次の熟語の読みと、その語義にふさわしい訓読みを（送りがなに注意して）ひらがなで記せ。

①

ア　1 翻弄……2 弄ぶ
イ　3 狭窄……4 窄まる
ウ　5 纏絡……6 纏わる
エ　7 肇国……8 肇める
オ　9 墨煤……10 煤ける
カ　11 禿筆……12 禿びる
キ　13 遺馨……14 馨り
ク　15 嬰鱗……16 嬰れる
ケ　17 溯行……18 溯る
コ　19 掩蓋……20 掩う

②

ア　1 咳気……2 咳く
イ　3 夷坦……4 夷らか
ウ　5 宥恕……6 宥す
エ　7 弥漫……8 弥く
オ　9 轟音……10 轟く
カ　11 鞫問……12 鞫べる
キ　13 葺屋……14 葺く
ク　15 翫笑……16 翫る
ケ　17 阻碍……18 碍げる
コ　19 狙候……20 狙う

③

ア　1 礪行……2 礪く
イ　3 艶聞……4 艶かしい
ウ　5 哀咽……6 咽ぶ
エ　7 窺見……8 窺く
オ　9 擾化……10 擾らす
カ　11 鬱勃……12 勃こる
キ　13 惹起……14 惹く
ク　15 惇朴……16 惇い
ケ　17 夙起……18 夙に
コ　19 掠奪……20 掠める

答え

①

コ		ケ		ク		キ		カ		オ		エ		ウ		イ		ア	
20	19	18	17	16	15	14	13	12	11	10	9	8	7	6	5	4	3	2	1
おお	えんがい	さかのぼ	そこう	ふ	えいりん	かお	いけい	ち	とくひつ	すす	ぼくばい	はじ	ちょうこく	まつ	てんらく	せば	きょうさく	もてあそ	ほんろう

②

コ		ケ		ク		キ		カ		オ		エ		ウ		イ		ア	
20	19	18	17	16	15	14	13	12	11	10	9	8	7	6	5	4	3	2	1
ねら	そこう	さまた	そがい	あなど	がんしょう	ふ	しゅうおく	とりしら しら	きくもん	とどろ	ごうおん	あまね	びまん	ゆる	ゆうじょ	たい	いたん	せ しわぶ	がいき がいけ

③

コ		ケ		ク		キ		カ		オ		エ		ウ		イ		ア	
20	19	18	17	16	15	14	13	12	11	10	9	8	7	6	5	4	3	2	1
かす	りゃくだつ	つと	しゅくき	あつ	じゅんぼく とんぼく	ひ まね	じゃっき	お	うつぼつ	な	じょうか	のぞ	きけん	むせ	あいえつ	なまめ	えんぶん	みが	れいこう

問　次の**熟語の読み**と、その**語義**にふさわしい**訓読み**を（送りがなに注意して）**ひらがな**で記せ。

①

ア　1 弘毅……2 毅い
イ　3 偓促……4 偓わる
ウ　5 稗官……6 稗かい
エ　7 按罪……8 按べる
オ　9 一瞥……10 瞥る
カ　11 遼遠……12 遼か
キ　13 不屑……14 屑い
ク　15 汎論……16 汎い
ケ　17 冶態……18 冶かしい
コ　19 劃然……20 劃る

②

ア　1 戚容……2 戚える
イ　3 牟食……4 牟る
ウ　5 趨勢……6 趨く
エ　7 跨年……8 跨ぐ
オ　9 頓挫……10 頓く
カ　11 敦信……12 敦い
キ　13 掩蓋……14 掩う
ク　15 恢偉……16 恢きい
ケ　17 慰撫……18 撫でる
コ　19 進捗……20 捗る

③

ア　1 瀦水……2 瀦まる
イ　3 椎破……4 椎つ
ウ　5 杜口……6 杜ぐ
エ　7 暢叙……8 暢べる
オ　9 積沓……10 沓なる
カ　11 頗僻……12 頗る
キ　13 嘗薬……14 嘗める
ク　15 稽停……16 稽る
ケ　17 岨峻……18 岨つ
コ　19 牢守……20 牢い

答え

①

ア		イ		ウ		エ		オ		カ		キ		ク		ケ		コ	
1	2	3	4	5	6	7	8	9	10	11	12	13	14	15	16	17	18	19	20
こうき	つよ	あくせく（さく）（そく）	かか	はいかん	こま	あんざい	しら	いちべつ	み	りょうえん	はる	ふせつ	いさぎよ	はんろん	ひろ	やたい	なまめ	かくぜん	くぎ

②

ア		イ		ウ		エ		オ		カ		キ		ク		ケ		コ	
1	2	3	4	5	6	7	8	9	10	11	12	13	14	15	16	17	18	19	20
せきよう	うれ	ぼうしょく	むさぼ	すうせい	おもむ	こねん	また	とんざ	つまず	とんしん	あつ	えんがい	おお	かいい	おお	いぶ	な	しんちょく	はかど

③

ア		イ		ウ		エ		オ		カ		キ		ク		ケ		コ	
1	2	3	4	5	6	7	8	9	10	11	12	13	14	15	16	17	18	19	20
ちょすい	た	ついは	う	とこう	ふさ	ちょうじょ	の	せきとう	かさ	はへき	かたよ	しょうやく	な	けいてい	とどこお	そしゅん	そばだ	ろうしゅ	かた

問　次の**熟語の読み**と、その**語義**にふさわしい**訓読み**を（送りがなに注意して）**ひらがな**で記せ。

①

ア　1 亨通 …… 2 亨る

イ　3 厭世 …… 4 厭う

ウ　5 礪行 …… 6 礪く

エ　7 婁絡 …… 8 婁ぐ

オ　9 尤物 …… 10 尤れる

カ　11 畢生 …… 12 畢わる

キ　13 弼匡 ＜ 14 弼ける／15 匡す

②

ア　1 繡閣 …… 2 繡しい

イ　3 昏倒 …… 4 昏む

ウ　5 夷坦 …… 6 坦らか

エ　7 晦渋 …… 8 晦い

オ　9 掬飲 …… 10 掬う

カ　11 寓意 …… 12 寓ける

キ　13 綻裂 ＜ 14 綻ぶ／15 裂ける

③

ア　1 顚落 …… 2 顚る

イ　3 欣快 …… 4 欣ぶ

ウ　5 汎愛 …… 6 汎い

エ　7 区劃 …… 8 劃る

オ　9 梗概 …… 10 梗ね

カ　11 嬰鱗 …… 12 嬰れる

キ　13 岨峻 ＜ 14 岨つ／15 峻しい

答え

①

キ			カ		オ		エ		ウ		イ		ア	
15	14	13	12	11	10	9	8	7		6	5	4	3	2	1
ただ	たす	ひっきょう	お	ひっせい	すぐ	ゆうぶつ	つな	ろうらく・るらく	みが	れいこう	いと	えんせい	とお	こうつう

②

キ			カ		オ		エ		ウ		イ		ア	
15	14	13	12	11	10	9	8	7	6	5	4	3	2	1
さ	ほころ	たんれつ	かこつ	ぐうい	すく	きくいん	くら	かいじゅう	たい	いたん	くら	こんとう	うつく	しゅうこう

③

キ			カ		オ		エ		ウ		イ		ア	
15	14	13	12	11	10	9	8	7	6	5	4	3	2	1
けわ	そばだ	そしゅん	ふ	えいりん	おおむ	こうがい	くぎ	くかく	ひろ	はんあい	よろこ	きんかい	くつがえ	てんらく

問　次の**熟語の読み**と、その**語義**にふさわしい**訓読み**を（送りがなに注意して）**ひらがな**で記せ。

①

ア　1 葺屋……2 葺く

イ　3 仰臥……4 臥す

ウ　5 永訣……6 訣れる

エ　7 訊責……8 訊う

オ　9 瑞雲……10 瑞い

②

ア　1 編輯……2 輯める

イ　3 雑駁……4 駁じる

ウ　5 挽車……6 挽く

エ　7 蓋世……8 蓋う

オ　9 遁巡……10 遁みする

③

ア　1 托生……2 托む

イ　3 莫春……4 莫れる

ウ　5 蚤起……6 蚤い

エ　7 蕪辞……8 蕪れる

オ　9 蔽護……10 蔽う

答え

①

ア		イ		ウ		エ		オ	
1	2	3	4	5	6	7	8	9	10
しゅうおく	ふ	ぎょうが	ふ	えいけつ	わか	じんせき	と	ずいうん	めでた

②

ア		イ		ウ		エ		オ	
1	2	3	4	5	6	7	8	9	10
へんしゅう	あつ	ざっぱく	ま	ばんしゃ	ひ	がいせい	おお	しゅんじゅん	しりご

③

ア		イ		ウ		エ		オ	
1	2	3	4	5	6	7	8	9	10
たくしょう	たの	ぼしゅん	く	そうき	はや	ぶじ	みだ	へいご	おお

問　次の**熟語の読み**と、その**語義**にふさわしい**訓読み**を（送りがなに注意して）**ひらがな**で記せ。

①

ア　1　怯弱……2　怯える

イ　3　幡然……4　幡る

ウ　5　魁偉……6　魁きい

エ　7　頓挫……8　頓く

オ　9　叡哲……10　叡い

②

ア　1　輿望……2　輿い

イ　3　遁辞……4　遁れる

ウ　5　牽制……6　牽く

エ　7　畏敬……8　畏まる

オ　9　窺管……10　窺く

③

ア　1　攪乱……2　攪す

イ　3　湛然……4　湛える

ウ　5　晦冥……6　晦い

エ　7　臆説……8　臆る

オ　9　弥縫……10　弥う

答え

①

ア		イ		ウ		エ		オ	
1	2	3	4	5	6	7	8	9	10
きょうじゃく	おび	ほんぜん はんぜん	ひるがえ	かいい	おお	とんざ	つまず	えいてつ	かしこ さと

②

ア		イ		ウ		エ		オ	
1	2	3	4	5	6	7	8	9	10
よぼう	おお	とんじ	のが	けんせい	ひ	いけい	かしこ	きかん	のぞ

③

ア		イ		ウ		エ		オ	
1	2	3	4	5	6	7	8	9	10
こうらん かくらん	みだ	たんぜん	たた	かいめい	くら	おくせつ	おしはか	びほう	つくろ

問　次の**熟語の読み**と、その**語義**にふさわしい**訓読み**を（送りがなに注意して）**ひらがな**で記せ。

①

ア　1 礪行 …… 2 礪く

イ　3 汎愛 …… 4 汎い

ウ　5 冶金 …… 6 冶る

エ　7 捧腹 …… 8 捧える

オ　9 沈澱 …… 10 澱む

②

ア　1 聯珠 …… 2 聯ねる

イ　3 稗官 …… 4 稗かい

ウ　5 貼付 …… 6 貼る

エ　7 間諜 …… 8 諜る

オ　9 永訣 …… 10 訣れる

③

ア　1 瑞兆 …… 2 瑞い

イ　3 阻碍 …… 4 碍げる

ウ　5 亮達 …… 6 亮らか

エ　7 肇国 …… 8 肇める

オ　9 灌漑 …… 10 灌ぐ

答え

①

ア		イ		ウ		エ		オ	
1	2	3	4	5	6	7	8	9	10
れいこう	みが	はんあい	ひろ	やきん	い	ほうふく	かか	ちんでん	よど

②

ア		イ		ウ		エ		オ	
1	2	3	4	5	6	7	8	9	10
れんじゅ	つら	はいかん	こま	てんぷ ちょうふ	は	かんちょう	さぐ	えいけつ	わか

③

ア		イ		ウ		エ		オ	
1	2	3	4	5	6	7	8	9	10
ずいちょう	めでた	そがい	さまた	りょうたつ	あき	ちょうこく	はじ	かんがい	そそ

時刻・方位表

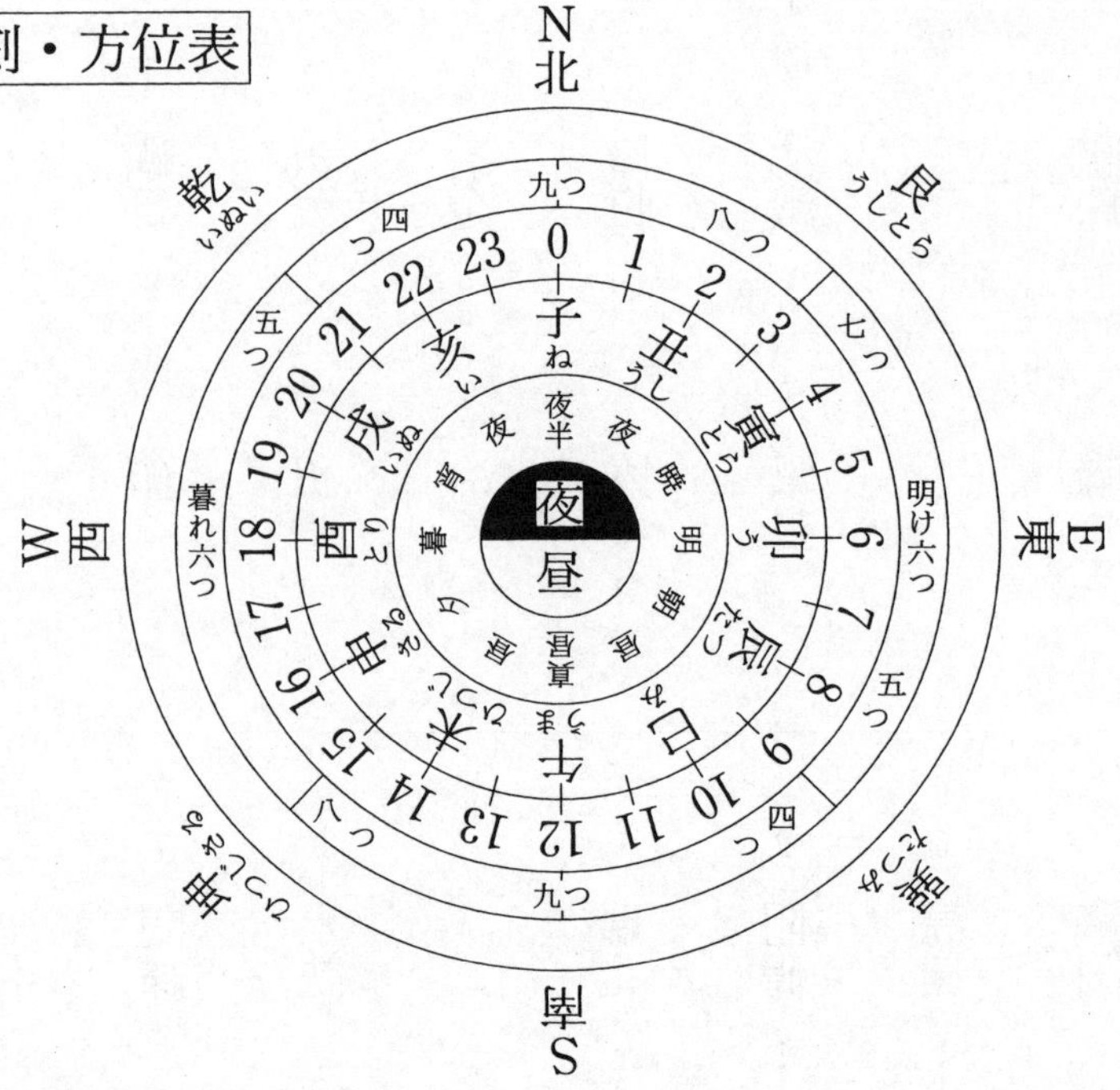
N
北
E
東
S
南
W
西
艮《うしとら》
巽《たつみ》
坤《ひつじさる》
乾《いぬい》
九つ
八つ
七つ
明け六つ
五つ
四つ
九つ
八つ
暮れ六つ
五つ
四つ
子《ね》
丑《うし》
寅《とら》
卯《う》
辰《たつ》
巳《み》
午《うま》
未《ひつじ》
申《さる》
酉《とり》
戌《いぬ》
亥《い》
0
1
2
3
4
5
6
7
8
9
10
11
12
13
14
15
16
17
18
19
20
21
22
23
夜半
夜
暁
明
朝
昼
真昼
昼
暮
宵
夜
夜
昼

二　書き

書き（解説）

E　書き取り

——常用漢字表〝表内・表外〟漢字の書き取り

F　同音異字・同訓異字の書き分け

G　誤字訂正

H　書き換え漢字

I　対義語・類義語

J　四字熟語

K　故事・成語・諺

二　書き（解説）

「読み」且つ「書き」へと学習は進む

パソコン時代に入り、自分が使用できる語彙はキー・ボードで打ち出すことが出来るようになり、現在、漢字仮名交じり文は自在に表せる。そうは言っても、手書きが全くなくなったわけでもないし、豊かな語彙を駆使してノートや手帳に各種の硬筆の筆記具を用いて自分の思いや考えを表すことがある。ＪＩＳ第1水準漢字集合に収載されている約三千字種は、漢字使用の基底を成すと考えれば、その程度の字種は知識として持っている方が、現代の情報化社会に対応するのに都合よく、また必要である。これらの字種につき、「読み」の習熟を目指して「一　読み」の章を手掛かりにして知識を整理してきたが、日常使用の漢字の字種は読み且つ書くことが出来て初めて十分に言葉の生活を営むことが出来る。そこで、これから「二　書き」の章を通して読み書き出来るように漢字力の向上を目指すこととなる。

人間、知識欲を持ち、向上心を持ち続けてこそ、活力ある人生を創り出すことが出来よう。そして、漢字力の増強は、各方面への読書や研究の可能性を拓く基礎となるであろう。

問題の分類・整理

日常生活において、音声言語で伝えられた話し言葉の意味が分からない場合は、聞き返す。文字言語である文章、それは国語（日本語）では漢字仮名交じり文であるが、その中に出て来る漢字で表されている言葉の読みや意味が分からなければ漢和辞典などを引いて調べ、確かめる。ここでは日常の文字生活で出現する約三千字種（ＪＩＳ第1水準漢字集合）の程度は、知識として獲得しておこうというものである。そこで、漢字の読み書きに習熟するために普通に行われる「書き取り」で練習するのであるが、ここでは興味を持って楽しく練習できるように、問題の形式に従って分類・整理した。これらの形式に従い、学習を進めよう。

「Ｅ　書き取り
　　――常用漢字表〝表内・表外〟漢字の書き取り」

「ＪＩＳ第1水準漢字集合」の字種の総数は約三千字（正確には二、九六五字種）であり、常用漢字の字種の総数は約二千字（正確には一、九四五字種）である。高等学校修了までに常用漢字は習得しているので、ここで特別に新出の字種として扱うとしたら、約一千字種を対象とすることになる。この字種の音訓を新たに攻略するという考え方に立てばよいということになろう。

書き取りは、こつこつと粘り強く続ける。例えば、傍線部分のカタカナの部分を漢字に直すという勉強で、

1　カンガイ用水も十分だった。

2　鳶、鷹はモウキン類に属する。

のような語につき「灌漑」「猛禽」のように漢字で書き表すのである。このような学習は本来、自然や人間、社会生活などにかかわる様々な文章に接する言葉の生活の中で得て来ているものである。それをこの際、自覚して自主的に学び直すというものである。

「F　同音異字・同訓異字の書き分け」は、書きのうちでも国語に多くある同じ音、同じ訓の別々の言葉を漢字で書き分けるというものである。これは前後に来る説明や描写の内容によって表す意味が全く異なるので、用いる文字も別となる。これは、知的興味の湧く課題である。知識が十分に備わると、掛け詞の技法で表現を楽しむこともできよう。例えば「古色ソウゼン、場内ソウゼン」では前者は「蒼然」、後者は「騒然」である。例えば「ツりあいがとれる、電車のツり革」では前者は「釣」、後者は「吊」である。このような書き分けが出来るのは、言葉の知識が正しく豊かであり、意味がよく分かっていて漢字を書き分けることが出来るからであり、また言語感覚が鋭いという証拠でもあろう。

「G　誤字訂正」は、国語の言葉とその漢字表記につき、細心の注意を払い、知識を鮮明にするというものである。例えば「芙蓉は、艶麗にして清疎な花である。」という文例においては「清楚（清らかで飾りけがないさま）」という言葉、また「楚々（清らかで美しいさま）とした風情」というような表現に知識があることが必要である。そこで初めて「疎」が誤りと分かり、訂正することができる。

これも言わば、同音異字、同訓異字の流れにあるものである。漢字は形音義の三位一体の文字であるということの上に、語や句を正しく覚え語彙を豊かにする心掛けが大切である。

「H　書き換え漢字」は、太平洋戦争後、当用漢字表【昭和21（一九四六）年、内閣告示・訓令】が制定された時、この漢字表に掲げる漢字の字種一、八五〇字を

もって表記するようにという制限的な使用を求めたことから、特に法令・公用文書などでは表外漢字を表内漢字に替えて表記するとか平易な言葉に改めるとかの努力をしたところに由来する。

「公用文作成の要領」【昭和27（一九五二）年】によれば、「当用漢字表中の、音が同じで、意味の似た漢字で書きかえる。」とある箇所の用例としては、

「車輛→車両　煽動→扇動　碇泊→停泊　編輯→編集
哺育→保育　抛棄→放棄　傭人→用人　聯合→連合
煉乳→練乳」

が挙げてある。このようなことがあって後に、国語審議会でも議題として取り上げられ、「同音の漢字による書きかえ」【昭和31（一九五六）年7月5日、第32会総合報告】がまとめられた。ここに挙げられている語例から幾つかをピックアップして、次に挙げる。

「愛慾→愛欲　衣裳→衣装　開鑿→開削　活潑→活発
兇器→凶器　月蝕→月食　…」

昭和40年代に入り、戦後の一連の国語施策の見直しが行われた。その結果の一つとして、当用漢字表における漢字の制限的な使用の考え方を廃し、漢字使用の目安の表として常用漢字表【昭和56（一九八一）年、内閣告示・訓令】が制定された。これと併せ、ＪＩＳ漢字が策定されパソコンに搭載されたこともあって、かつて表外漢字として上の例で×印を付けたものも、文章作成者の表記意識、漢字観により普通に選ばれて使われることもあるようになった。

古文献（古代から明治・大正・昭和期のものをも含めて）を読みこなす知識を持つべきことからして、いわば同音を基軸として書き換えられている字種の本来の字種を弁えることは、漢字力の一つとしてあってよいと考えられよう。

国語辞典等でも、例えば「しゃりょう」なら「車両（車輛）」、「あいよく」なら「愛欲（愛慾）」のように掲げている。

「Ｉ　対義語・類義語」は、語彙を豊かに持ち、話や文章において言葉を的確、適正に用いることが出来るようにするものである。対義語とは例えば「肯定↔否定、奇数↔偶数、生↔死」のように対の関係にある言葉をいうものである。また、類義語とは例えば「傑出、卓越」「頻発、続出」「愉悦、欣喜」「聡明、利発」のように言葉は別であっても、意味の似通っているものをいう。

問題の形式としては、漢字表記で対義語の方を五語、類義語の方を五語、それぞれ列挙した上で、その後に平仮名表記で対義語の他方を五語、類義語の他方を五

語、順不同に並べ、その平仮名表記から漢字の語を想定して関連させて答えるという方式を採っている。具体的には設問を見ていただくが、語彙を豊かに養っていれば、大いに楽しめるであろう。なお、巻間には類語（類義語）、対語（対義語、反対語）を集めた辞典も刊行されている。

「J　四字熟語」は、国語の言葉の知識の中でも一歩進んだものであり、それぞれの四字熟語の来歴を心得ていることにより適切で効果的な使い方が出来るようにもなるゆえに、四字熟語に「解説・意味」をも選択肢として添え、正確な知識を持つことを求めている。

四字熟語には、中国の故事に由来のあるもの――例えば「四面楚歌」（『史記』項羽記）、「臥薪嘗胆」（『十八史略』春秋戦国）など、仏教語に基づくもの――「厭《おん》離穢《え》土」（『往生要集』序）、「言語《ごんご》道断」（『維摩経』阿《あ》閦仏品《しゅくぶつぽん》）など、成句や格言としての性格を持つもの――「危機一髪」「大胆不敵」「本末転倒」「和顔愛語」など、様々ある。

㈶日本漢字能力検定協会の刊行書の一冊に『漢検四字熟語辞典』がある。

「K　故事・成語・諺」は、国語の生活の中で頻繁に用いられる故事・成語・諺につき、その漢字表記の完璧を目指すものである。例えば、「ウケに入る」「オヒレが付く」「ウドの大木」「玉のコシに乗る」「アブハチ取らず」「カイケイの恥を雪ぐ」などは、会話にも出てくるし、文章中にも出てくる。漢字に直せば「有卦、尾鰭、独活、輿（輦）、虻蜂、会稽」となる。このような故事・成語・諺につき、意味が分かって正しく書けるというのは、楽しくもあり有用でもある。

書き取り問題は、知識・教養を深く豊かに形成する。興味を持ち楽しく学び続けるのが秘訣である。

E 書き取り――常用漢字表“表内・表外”漢字の書き取り

問　次の傍線部分の**カタカナ**を**漢字**で記せ。

①

1 大音響に思わず体を**スボ**めた。
2 事の**テンマツ**を報告する。
3 **タイエイ**的な考え方を排除する。
4 役者**ミョウリ**に尽きる大役です。
5 無事終了と同時に緊張が**シカン**した。
6 **ビンショウ**に行動する人だ。
7 五穀の**ホウジョウ**を喜ぶ。
8 お互いに手の内は**チシツ**している。
9 攻撃の**カンゲキ**を縫って退く。
10 議会で**ゼッポウ**鋭く迫った。

②

1 **エイジ**は母に抱かれて眠っている。
2 あまりの成績に**アゼン**とする。
3 映画は**アッケ**ない結末で終わった。
4 **ボッコン**鮮やかな書だ。
5 鳶、鷹は**モウキン**類に属する。

6 落ちて**ダイタイ**部を強く打った。
7 化膿止めの**ナンコウ**を塗った。
8 けが人を**ギョウガ**させ救急車を待った。
9 若いときからの**ホウトウ**癖が直らない。
10 完膚なきまで**タタ**きのめされた。

③

1 赤字の**ホテン**に苦心した。
2 **ツバ**迫り合いのすえ勝った。
3 **クボ**みに足を取られて倒れた。
4 **カンガイ**用水も十分だった。
5 市史の**ヘンサン**に従事している。
6 平家の**エイヨウ**栄華を描いている。
7 月の**エイキョ**が潮の干満に関係する。
8 土台が**ゼイジャク**で崩落が心配だ。
9 背後から攻撃して敵陣を**コウラン**する。
10 **アタカ**も鬼のごとき形相だった。

答

①

1	2	3	4	5	6	7	8	9	10
窄	顚末	退嬰	冥利	弛緩	敏捷	豊穣	知悉	間隙	舌鋒

6	7	8	9	10
大腿	軟膏	仰臥	放蕩	叩（扣）

②

1	2	3	4	5
嬰児	啞然	呆気	墨痕	猛禽

③

1	2	3	4	5	6	7	8	9	10
補塡	鍔（鐔）	窪・凹	灌漑	編纂	栄耀（燿曜）	盈虚	脆弱	攪乱	恰・宛

問　次の傍線部分の**カタカナ**を**漢字**で記せ。

①

1 人民の**コウケツ**を絞る。

2 満面に笑みを**タタ**えて出迎えた。

3 物故者に**モクトウ**を捧げた。

4 遠い故郷に思いを**ハ**せることが多い。

5 **ウエン**な議論が続き頭痛がする。

6 陽光が**サンサン**と降り注ぐ。

7 **キママ**なひとり旅に出る。

8 東方から文化が**デンパ**してきた。

9 風でカーテンが**マク**れる。

10 まだ**ガンゼ**ない子供だった。

②

1 目的達成まで前途**リョウエン**だ。

2 楽屋で役者が**クマド**りを描いていた。

3 別室で粗**サン**を差し上げたく存じます。

4 長患いで**ヤクジ**に親しむ日が続く。

5 悪が**ハビコ**る世を正そう。

6 壮者を**シノ**ぐほどの元気だ。

7 力量を認め**バッテキ**した。

8 反論にこちらも激しく**バク**した。

9 三者**テイリツ**して頑張っている。

10 納入が遅れ、**ワ**び状を書く。

③

1 酒色に**タンデキ**したことはない。

2 こちらを**イチベツ**して通り過ぎた。

3 **コソク**な手段では駄目だ。

4 **ミケン**にしわをよせて考えている。

5 友人のいびきに**ヘキエキ**した。

6 前回の成績をはるかに**リョウガ**した。

7 出費が**カサ**まぬように努めた。

8 勝つ**ヒケツ**を教えてほしい。

9 **キョウジン**な神経を持っている。

10 洋服**ダンス**を買った。

答

①

1	2	3	4	5	6	7	8	9	10
膏血	湛	黙禱	馳(駛・騁)	迂遠	燦(粲)燦(粲)	気儘	伝播	捲	頑是

6	7	8	9	10
凌・陵	抜擢	駁	鼎立	詫(侘・佗)

②

1	2	3	4	5
遼遠	隈(暈)取	餐	薬餌	蔓 蔓延

6	7	8	9	10
凌陵駕	嵩	秘訣	強靭	簞笥

③

1	2	3	4	5
耽湛(酖)溺	一瞥	姑息	眉間	僻(辟)易

問　次の傍線部分の**カタカナ**を**漢字**で記せ。

①

1 秘密の**ロウエイ**を心配する。

2 販売先を**アッセン**する。

3 川を**アンキョ**にする工事だ。

4 土産に**センベイ**を買うことにした。

5 まるで**シャクネツ**地獄の暑さだ。

6 仏壇の**イハイ**のほこりを払う。

7 **ルリ**色の羽が美しい。

8 社長自ら**サイハイ**を振るう。

9 骨が**モロ**くなってきた。

10 ペットの**ワニ**が大きくなりすぎた。

②

1 幼い頃**キリン**児と呼ばれていた。

2 荷物をしっかり**コンポウ**する。

3 根掘り葉掘り**センサク**する。

4 並みいる強豪を**ナ**ぎ倒す。

5 人を**グロウ**するにも程がある。

6 病原菌が**セキツイ**に入る難病だ。

7 恋と出世を**テンビン**にかける。

8 財布の底を**ハタ**いて買った。

9 事故で**ヒンシ**の重傷を負う。

10 **コンペキ**の空に白い雲が流れる。

③

1 鶴の如き**ソウク**で居ずまいを正す。

2 今年の**バレイショ**は豊作だ。

3 **シュコウ**を膳に並べて客を待った。

4 パリの**ガイセン**門の前に立った。

5 花粉を**メシベ**が受ける。

6 酔って**ロレツ**が回らない。

7 勇敢さに**マンコウ**の敬意を表する。

8 滝の横に**ワラビ**が芽を出した。

9 配慮を**ナイガシ**ろにしてはいけない。

10 湾内の**カキ**の養殖が成功した。

答

①

1	2	3	4	5	6	7	8	9	10
漏洩(泄)	斡旋	暗渠	煎餅	灼熱	位牌	瑠璃	采配	脆	鰐

②

1	2	3	4	5	6	7	8	9	10
麒麟(騏驎)	梱包	詮索(穿鑿)	薙	愚弄	脊椎	天秤	叩	瀕死	紺碧

③

1	2	3	4	5	6	7	8	9	10
痩軀	馬鈴薯	酒肴	凱旋	雌蕊	呂律	満腔	蕨	蔑	牡蠣 蠣

問　次の傍線部分の**カタカナ**を**漢字**で記せ。

①

1 流感が**マンエン**しそうだ。
2 **ガン**の治療薬を研究する。
3 突然の出来事に**アゼン**とした。
4 **オウヨウ**に挨拶して去った。
5 停電時に**ロウソク**が役に立った。
6 **カマボコ**はこの土地の名産だ。
7 両刀を**ワシヅカ**みにし飛び出した。
8 鴨が**ネギ**をしょってくる。
9 急な**コウバイ**も平気で上がる車だ。
10 熟睡して**ソウカイ**な目覚めだ。

②

1 よく**シャベ**るので困っている。
2 郷土史を**ヘンサン**する。
3 **ホウジュン**な酒の香がする。
4 塔の**ラセン**階段を上がる。
5 わざと**トボ**けて言った。
6 人前で口汚く**バトウ**している。
7 無事な姿を見て**アンド**した。
8 物故者の霊に**モクトウ**する。
9 観衆に技の**サ**えを見せた。
10 内職して**ココウ**を凌ぐ。

③

1 猟銃に実弾を**ソウテン**する。
2 社会情勢の**スウセイ**を見定める。
3 今から出発すれば間に合う**ハズ**だ。
4 国王の**ゲキリン**に触れた。
5 悪人に天が**テッツイ**を下す。
6 すばらしい**サンゴ**のネックレスだ。
7 ほんの日常の**サジ**に過ぎない。
8 王冠の宝石が**サンゼン**と輝く。
9 **オダ**てられてその気になった。
10 一日船長で**ソウダ**室に入る。

答

①

1	2	3	4	5	6	7	8	9	10
蔓延（曼衍）	癌	唖然	鷹揚	蠟燭	蒲鉾	鷲摑	葱	勾配	爽快

②

1	2	3	4	5	6	7	8	9	10
喋（喃）	編纂	芳醇	螺旋	惚（恍）	罵倒	案安堵	黙禱	冴（冱）	糊（餬）口

③

1	2	3	4	5	6	7	8	9	10
装塡	趨勢	筈	逆鱗	鉄鎚槌	珊瑚	些（瑣）事	燦（粲）然	煽	操舵

問　次の傍線部分の**カタカナ**を**漢字**で記せ。

①

1 堤防に**ドノウ**を積む。
2 なかなか思うように**モウ**からない。
3 宿敵を降し**リュウイン**が下がった。
4 まんまとわなに**ハ**まった。
5 浮き世の**シガラミ**に苦しむ。
6 荷物が**カサ**ばって持ちづらい。
7 つり鐘用の**シュモク**を新しくした。
8 **ウロン**な男が家を窺う。
9 いろいろ土産を**モラ**った。
10 **ザンシン**なデザインの家具が並ぶ。
11 失言をすぐ**ワ**びた。
12 富士**サンロク**の宿に到着した。
13 予想外の結果に**アッケ**にとられた。
14 昔は**ツルベ**で水を汲んでいた。
15 いつも**ホラ**を吹くので笑われている。

②

1 ホテルで**カショク**の典を挙げた。
2 情に**モロ**い性格だ。
3 神社に石の**コマイヌ**を奉納した。
4 大雪の日**ガイトウ**を着て家を出た。
5 仮病という**コソク**な手段を使う。
6 犯人は貴賓席を銃で**ソゲキ**した。
7 迫害に屈せず**キゼン**たる態度をとる。
8 強風が火を**アオ**り大火災となった。
9 筆の先が**チ**びてきた。
10 結婚した**オイ**から挨拶状がきた。
11 足のしびれを直す**マジナ**いだ。
12 沼地に**ワニ**が生息している。
13 秘密が外部へ**ロウエイ**している。
14 **ウ**まずたゆまず努力する。
15 泣く子を上手に**ナダ**める。

答

①

1	2	3	4	5	6	7	8	9	10	11	12	13	14	15
土嚢	儲	溜飲	塡（嵌）	柵	嵩	撞木	胡乱・烏乱	貰	斬新	詫	山麓	呆気	釣瓶	法螺

②

1	2	3	4	5	6	7	8	9	10	11	12	13	14	15
華燭・花燭	脆	狛犬・高麗犬	外套	姑息	狙撃	毅然	煽	禿	甥	呪（蠱）	鰐	漏洩（泄）	倦	宥

問　次の傍線部分の**カタカナ**を**漢字**で記せ。

①

1 ドイツ語を**リュウチョウ**に話す。
2 信じた人の**ヒョウヘン**に驚く。
3 難破船を港まで**エイコウ**した。
4 仏壇に亡き祖父の**イハイ**を入れた。
5 納期が近付き気持ちが**イラ**だつ。
6 「手本《てほん》」は漢語の**ユトウ**読みだ。
7 各地の**ソバ**を食べるのが楽しみ。
8 ようやく頂上に**タド**りついた。
9 口を**トガ**らせて抗議する。
10 **オシドリ**のように仲睦まじい夫婦だ。
11 国の財政が**ヒッパク**してきた。
12 人を**グロウ**する悪い癖がある。
13 香りの良い化粧**セッケン**だ。
14 陶磁器に**ゾウケイ**が深い人だ。
15 情報が**サクソウ**して判断に迷う。

答

①

1	2	3	4	5	6	7	8	9	10	11	12	13	14	15
流暢	豹変	曳航	位牌	苛	湯桶	蕎麦	辿	尖	鴛鴦	逼迫	愚弄	石鹼	造詣	錯綜

F 同音異字・同訓異字の書き分け

問　次の**カタカナ**の部分を**漢字**に直して記せ。

①

1 錦絵の**ガジョウ**を繰る。

2 保守の**ガジョウ**を崩した。

3 天子は**ガジョウ**で出御された。

4 連続作業に**ケンエン**の感をもつ。

5 たばこの害に**ケンエン**権を主張する。

6 正座して香を**タ**いています。

7 時間をかけて御飯を**タ**いている。

8 風呂は薪で**タ**いています。

9 **マ**かぬ種は生えぬ。

10 宣伝のちらしを**マ**く。

②

1 **ロウコ**の如くむさぼる。

2 **ロウコ**たる城郭を築く。

3 水時計に**ロウコ**を使う。

4 夜空に**センコウ**が走る。

5 **センコウ**機で穴をあける。

6 **ツル**九皐に鳴き、声天に聞こゆ。

7 朝顔の**ツル**が巻きつく。

8 **ツル**を離れた矢のようだ。

9 人目を**ヒ**く顔立ちだ。

10 腰をきめて鋸を**ヒ**く。

③

1 世間の**コウセツ**に惑わされるな。

2 作品の**コウセツ**は暫くおく。

3 まさに天の**ユウジョ**というべきだ。

4 見る人幸いに**ユウジョ**せよ。

5 **コウガイ**が炎症を起こす。

6 小説の**コウガイ**をまとめる。

7 東京土産の浅草**ノリ**。

8 七十にして**ノリ**をこえず。

9 **セキ**を切って落とす。

10 ごほんごほんと**セキ**をせく。

答

①

1	2	3	4	5	6	7	8	9	10
画帖	牙城	駕乗	倦厭	嫌煙	薫・炷	炊	焚	蒔・播	撒

②

1	2	3	4	5	6	7	8	9	10
狼虎	牢固	漏壺	閃光	穿孔	鶴	蔓	弦	惹	挽

③

1	2	3	4	5	6	7	8	9	10
巷説	巧拙	佑(祐)助	宥恕	口蓋	梗概	海苔	矩	堰	咳(喘・嗽)

問　次の**カタカナ**の部分を**漢字**に直して記せ。

①

1 高山に**カンボク**が這う。

2 上等な**カンボク**の道具を揃える。

3 **カンボク**な石仏が野辺に佇《たたず》む。

4 池に**スイレン**の花が咲いた。

5 武后は**スイレン**の政を行った。

6 やっと一息**ツ**いたところだ。

7 田圃は一面水**ツ**きになった。

8 髪を**ソ**って仏門に入ることになった。

9 伸《の》るか**ソ**るかの瀬戸際だ。

10 うまく話を**ソ**らされてしまった。

②

1 **キキョウ**は秋の七草の一つである。

2 彼は**キキョウ**な振る舞いが多い。

3 人工**キキョウ**療法は肺結核の治療法の一つである。

4 防寒用に**ガイトウ**を羽織る。

5 雨の中で**ガイトウ**演説を聞いた。

6 下記の条件に十分**ガイトウ**している。

7 **フヨウ**の顔、柳の眉。

8 幼い妹たちを**フヨウ**する。

9 **フ**けこむ齢ではない。

10 毎日芋を**フ**かして食べる。

③

1 名誉会長に**スイタイ**された。

2 次第に国運は**スイタイ**していった。

3 飲み過ぎて路上で**スイタイ**をさらした。

4 教育者の**キカン**とされた人物だ。

5 拝復、**キカン**拝受致しました。

6 静かに将棋の**コマ**を進める。

7 拝殿の左右には**コマ**犬が鎮座している。

8 正月に**コマ**回しをして遊ぶ。

9 二人で**ツバ**ぜり合いを演じている。

10 事前に**ツバ**を付けて置く。

答　①

1	2	3	4	5	6	7	8	9	10
灌木	翰墨	簡朴(樸)	睡蓮 水蓮	垂簾	吐	浸・漬	剃(剔)	反	逸

②

1	2	3	4	5	6	7	8	9	10
桔梗	奇矯	気胸	外套	街頭	該当	芙蓉	扶養	老	蒸

③

1	2	3	4	5	6	7	8	9	10
推戴	衰退(頽)	酔態	亀鑑	貴翰(簡)	駒	狛	独楽	鍔(鐔)	唾

問　次の**カタカナ**の部分を**漢字**に直して記せ。

①

1 森の**ヨウセイ**の話をしましょう。
2 両国は国連に調停を**ヨウセイ**した。
3 人道にもとる所行として忠直卿を**キョウカン**した。
4 阿鼻**キョウカン**の巷となる。
5 志を抱いて**キョウカン**を出る。
6 今年は**カンガイ**で不作だ。
7 **カンガイ**一入である。
8 **カンガイ**用水が十分ある。
9 生爪を**ハ**がしてしまった。
10 値引きして在庫品を**ハ**かそう。

②

1 お目にかかれて**キンカイ**の至りです。
2 ドルで**キンカイ**を買った。
3 切り立った**ダンガイ**絶壁の景観がすばらしい。
4 政府を**ダンガイ**する演説が始まった。
5 **ソセイ**濫造の品では信用を失う。
6 この山は大概輝石安山岩より**ソセイ**する。
7 治療が早く奇跡的に**ソセイ**した。
8 金品を**カ**けたりしないようにしよう。
9 にわか雨にあい家に**カ**け込んだ。
10 **カ**け売りはいたしません。

③

1 **サショウ**ですがお礼の気持ちです。
2 入国の時**サショウ**を見せる。
3 他人の氏名を**サショウ**していた。
4 罪の**ユウジョ**を乞う。
5 天の**ユウジョ**があった。
6 医者から胃に**センコウ**があると言われた。
7 雷鳴とともに**センコウ**が空を走った。
8 負傷したところが**ウ**んできた。
9 仕事を**ウ**まずに続けている。
10 渋柿が**ウ**んで甘くなった。

答

①

1	2	3	4	5	6	7	8	9	10
妖精	要請	彊(強)諫	叫喚	郷関	干(旱)害	感慨	灌漑	剝	捌

②

1	2	3	4	5	6	7	8	9	10
欣快	金塊	断崖	弾劾	粗製	組成	蘇(甦)生	賭	駆	掛

③

1	2	3	4	5	6	7	8	9	10
些少	査証	詐称	宥恕	佑(祐)助	穿孔	閃光	膿	倦	熟

問　次の傍線部分の**カタカナ**を**漢字**に直して記せ。

①

1 耳を**ロウ**するばかりの雷鳴だった。
2 下手な策を**ロウ**するな。

3 **ジョウトウ**手段を用いても成功しない。
4 新社屋の**ジョウトウ**式に参列した。

5 昔から和紙を**ス**いている土地だ。
6 日本の紙幣には**ス**かしが入っている。

7 **ハ**げにくいペンキを使っています。
8 濫伐で山が次々と**ハ**げていく。

9 語学に**タンノウ**な人だ。
10 医者から**タンノウ**が悪いと言われた。

②

1 **マ**かぬ種は生えぬ。
2 道に水を**マ**く。
3 すばらしい技術に舌を**マ**いた。

4 国王が大使を**セッケン**した。
5 **セッケン**の泡が光っている。

6 怒り**シントウ**に発した。
7 民法では孫は二**シントウ**になる。
8 民主主義が**シントウ**していった。

9 ビデオで説明を**ホソク**する。
10 現場へ行き実態を**ホソク**する。

③

1 仏壇の塗りが**ハクリ**してきた。
2 **ハクリ**多売を基本としています。

3 **ソソウ**のないように注意する。
4 惨敗に気力を**ソソウ**している。

5 **タンパク**な味の料理だ。
6 大豆には**タンパク**質が多い。

7 曲直を正しく**サバ**いている。
8 全ての品を**サバ**いた。

9 外国で**チョウホウ**活動を担当した。
10 将軍の葬儀で**チョウホウ**が鳴った。

答

①

1	2	3	4	5	6	7	8	9	10
聾	弄	常套	上棟	抄漉	透	剥	禿	堪能	胆嚢

②

1	2	3	4	5	6	7	8	9	10
播蒔	撒	捲巻	接見	石鹸	心頭	親等	浸(滲)透	補足	捕捉

③

1	2	3	4	5	6	7	8	9	10
剥離	薄利	疎粗(麤)相	阻(沮)喪	淡(澹)泊白	蛋白	裁	捌	諜報	弔砲(炮)

問　次の傍線部分の**カタカナ**を**漢字**で記せ。

①
1 社会情勢の**スウコウ**に注目する。
2 **スウコウ**な精神の持ち主だ。
3 **カブラ**矢の音が響く。
4 畑に**カブラ**の種をまいた。
5 嵐で船が**ザショウ**した。
6 **ザショウ**した肘が痛む。
7 **コウトウ**無稽な意見だ。
8 **コウトウ**炎にかかる。
9 期日に**チタイ**なく納入します。
10 酒に乱れて**チタイ**を見せた。

②
1 **セッコウ**で型をとる。
2 偵察のため**セッコウ**を出す。
3 古色**ソウゼン**とした花瓶だ。
4 場内が**ソウゼン**としている。
5 隣国に亡命し**ヒゴ**を求める。
6 それは流言**ヒゴ**の類である。
7 攻撃しようとしたが**スキ**がない。
8 **スキ**を凝らした造りの家だ。
9 不備の点何とぞご**ユウジョ**を乞う。
10 天の**ユウジョ**で危機を脱した。

③
1 **カショク**の典に招かれる。
2 **カショク**の才で財を成す。
3 皆が知る**コウゼン**の事実だ。
4 海岸で**コウゼン**の気を養う。
5 驚いて顔面**ソウハク**となる。
6 古人の**ソウハク**をなめる。
7 永年の貯えが**ツイ**えた。
8 永年の夢が**ツイ**え去った。
9 明るく**ヨウキ**な性格だ。
10 占い師の周りには不思議な**ヨウキ**がたちこめていた。

答

①

1	2	3	4	5	6	7	8	9	10
趨向	崇高	鏑	蕪(菁・蕪菁)	坐座 礁	挫傷	荒唐	喉頭	遅 怠滞	痴態

②

1	2	3	4	5	6	7	8	9	10
石膏	斥候	蒼然	騒(躁)然	庇護	飛(蜚)語	隙(郤)	数 奇寄	宥恕	佑祐 助

③

1	2	3	4	5	6	7	8	9	10
花華 燭	貨殖	公然	浩然	蒼白	糟粕(魄)	費	潰	陽気	妖気

問　次の傍線部分の**カタカナ**を**漢字**で記せ。

①

1 一躍時代の**チョウジ**となる。

2 霊前で**チョウジ**を読む。

3 目の**ドウコウ**の検査をする。

4 世界経済の**ドウコウ**を分析する。

5 松明が**エンエン**と燃えさかった。

6 坂がきつくて気息**エンエン**だ。

7 夜空に星**クズ**をちりばめたようだ。

8 萩の花　尾花　**クズ**花　なでしこの花。

9 莫大な欠損を**テンポ**する。

10 花を売る**テンポ**がビルにできた。

②

1 忍者の**フンソウ**で舞台に出た。

2 国境では**フンソウ**が続いている。

3 文字を揃えるため**ケイ**を引く。

4 織物の縦糸を**ケイ**という。

5 音楽を聴いて緊張を**シカン**する。

6 **シカン**がかなって登城した。

7 **オンリョウ**のたたりと恐れる。

8 極めて**オンリョウ**な性質だ。

9 寒さに襟元を**カ**き合わせた。

10 **カ**け替えのない人を失った。

③

1 身を**テイ**して子供を助けた。

2 売場は活況を**テイ**している。

3 祝宴は本式献立の**セイサン**です。

4 予定通り完工させる**セイサン**がある。

5 **カップク**の良い紳士だ。

6 武士が**カップク**して果てた。

7 花嫁は**サイエン**の誉れ高い方です。

8 好評で**サイエン**された戯曲だ。

9 髭を**ソ**ってから朝食にする。

10 老母に連れ**ソ**っていった。

答

①

1	2	3	4	5	6	7	8	9	10
寵児	弔辞	瞳孔	動向	炎炎 焔焔	奄奄（淹淹）	屑	葛	塡補	店舗 鋪

②

1	2	3	4	5	6	7	8	9	10
扮装	紛争（諍）	罫	経	弛緩	仕官（宦）	怨霊	温良	掻	掛

③

1	2	3	4	5	6	7	8	9	10
挺	呈	正餐	成算	恰幅	割腹	才媛	再演	剃（剔）	添

問　次の傍線部分のカタカナを**漢字**で記せ。

①

1 作品の**コウセツ**を論じる。
2 街談**コウセツ**は信じられない。

3 外国で出会うとは**キグウ**だ。
4 暫くの間友の家に**キグウ**する。

5 **キキョウ**な振る舞いをする人だ。
6 **キキョウ**の花が美しい。

7 **カンガイ**無量で言葉が出ない。
8 田畑の**カンガイ**用水だ。

9 着物と帯の色が**ツ**り合っている。
10 バスに乗って**ツ**り革につかまる。

②

1 利益の一部を社会に**カンゲン**する。
2 乱行の主君に強く**カンゲン**する。

3 極地派遣に備え**タイカン**訓練をする。
4 王位継承の**タイカン**式が行われた。

5 伝承の歌は**ヒゾク**だが親しめる。
6 軍隊を率いて**ヒゾク**を討伐した。

7 防災の**サク**を講じる。
8 砦に**サク**を廻らす。

9 大雨で床まで水が**ツ**いた。
10 下手な嘘を**ツ**いている。

③

1 合宿で一か月全員**キガ**を共にする。
2 干害で多くの人が**キガ**に苦しむ。

3 敵の状況を探るため**セッコウ**を出す。
4 **セッコウ**で像の型をとる。

5 心得違いを**コンコン**と論された。
6 姫は**コンコン**と眠り続けた。

7 会社の**テイカン**に記してある。
8 人生を**テイカン**している。

9 今年の**カブラ**は味が良い。
10 合図の**カブラ**矢を射る。

答

①

1	2	3	4	5	6	7	8	9	10
巧拙	巷説	奇遇	寄寓	奇矯	桔梗	感慨	灌漑	釣	吊

6	7	8	9	10
匪賊	策	柵	浸・漬	吐

②

1	2	3	4	5
還元	諫言	耐寒	戴冠	卑（鄙）俗

③

1	2	3	4	5	6	7	8	9	10
起臥	飢（饑）餓	斥候	石膏	懇懇	昏昏	定款	諦観	蕪（菁 蕪菁）	鏑

G 誤字訂正

問　次の各文にまちがって使われている**同じ音訓の漢字**が**一字**ある。**上に誤字を**、**下に正しい漢字**を記せ。

①

1 瓜田にくつを納れず、利下に冠を正さず。

2 危うきこと端夕に在り。

3 一範を見て全豹を知る。

4 焼却能力を倍増した塵灰処理場を設置する。

5 強甚な精神力で困難を克服した。

②

1 多忙とは怠慢者の頓辞である。

2 春毎に聞く鶯の声に変化がないように人の作る詩もまた千遍一律である。

3 芙蓉は美女にたとえられる清疎で艶麗な花、一日で萎む薄命の花だ。

4 富は墳尿と同じく蓄積されると悪臭を放ち、散布されると土を肥やす。

5 飽食暖衣、逸居して教うること無ければ、則ち金獣に近し。

③

1 菊はそのまま萎れ、枯れて散らず、花の残概の艶を見て枯れ菊と呼ぶ。

2 一躍脚光を浴びた歌手の公演は盛況で、会場は立睡の余地もなかった。

3 冬の海は荒涼として暗く、砂浜も人影なく索縛とした様相を見せる。

4 厳寒の夜、氷結した湖の中央が轟音とともに気裂を生じ、盛り上がる。

5 河豚は猛毒を持つ魚で、攻撃されると腹部を膨脹させ滑軽な形になる。

答

①

	1	2	3	4	5
誤	利	端	範	灰	甚
正	李	旦	斑	芥	靱

②

	1	2	3	4	5
誤	頓	遍	疎	墳	金
正	遁（遯）	編篇	楚	糞	禽

③

	1	2	3	4	5
誤	概	睡	縛	気	軽
正	骸	錐	莫・漠（寞）	亀	稽

問　次の各文にまちがって使われている**同じ音訓の漢字**が**一字**ある。**上に誤字**を、**下に正しい漢字**を記せ。

①

1郊外に家を竣工し庭に藤棚を作った余裕ある生活は、鮮望の的になった。

2椅子に静座し全身を指緩させ、腹を膨らませてゆっくり深く呼吸をする。

3商店街は都市再開発のため高層建築化されると交間では専らの噂だ。

4銀杏の葉の舞う寺院の雅藍を散策し、陰影に富む山林の眺望を楽しむ。

5証拠を挙げ舌鋒鋭く追求せし結果、犯人は労狽し事件の全貌を供述す。

②

1怪我を乗り越えての長期に亙る練習が成果を上げ遂に優勝し快祭を叫ぶ。

2藍は、醗酵した液に石灰を加えて較拌し、その沈澱物が染料となる。

3叔母の家に寄隅し苦難に耐え専門学校卒業後、精密機械の会社で働く。

4事業が軌道に乗り生涯の伴慮も得て、本卦還りの年まで働き続けた。

5華飾の典、披露宴の後も、花婿、花嫁を囲み人が溢れ歓談が続く。

③

1貯水池の水は発電、陥漑、水道などに利用し、洪水の時には溜める。

2稲藁は、俵、縄、草履、畳の床、編笠などに使われ、また苔肥になる。

3犬は家畜化する途上で人為陶汰を受け、様々な品種がうまれた。

4朝顔の蔓を羅旋状に曲げた太い針金に絡ませて栽培し、花を楽しむ。

5歯は口腔内で噛み砕きなどを営むが、税弱な乳歯は抜け永久歯が生える。

答

①

	1	2	3	4	5
誤	鮮	指	交	雅	労
正	羨	弛	巷	伽	狼

②

	1	2	3	4	5
誤	祭	較	隅	慮	飾
正	哉	攪	寓	侶	燭

③

	1	2	3	4	5
誤	陥	苔	陶	羅	税
正	灌	堆	淘	螺	脆

H 書き換え漢字

問　次の●印の漢字を、書き換えが認められている**常用漢字（一字）**に改めよ。

〈例〉食慾● →欲

①

1. 聯●立
2. 顚●倒
3. 鄭●重
4. 諒●解
5. 蕃●殖
6. 雇傭●
7. 広汎●
8. 日蝕●
9. 妨碍●
10. 刺戟●

②

1. 昏●迷
2. 讃●美
3. 叛●乱
4. 昂●揚
5. 蒐●荷
6. 史蹟●
7. 書翰●
8. 情誼●
9. 短篇●
10. 防禦●

答

①

1	2	3	4	5	6	7	8	9	10
連	転	丁	了	繁	用	範	食	害	激

②

1	2	3	4	5	6	7	8	9	10
混	賛	反	高	集	跡	簡	義	編	御

問　次の●印の漢字を書き換えが認められている**常用漢字（一字）**に改めよ。

③
1 蕃•族
2 掠•奪
3 饗•応
4 絃•歌
5 煽•動
6 一挺•
7 諒•承
8 交叉•
9 気焰•
10 肝腎•

④
1 劃•然
2 掩•護
3 兇•刃
4 棉•花
5 鋪•装
6 旧蹟•
7 侵蝕•
8 倒潰•
9 連繫•
10 棲•息

③

1	2	3	4	5	6	7	8	9	10
蛮	略	供	弦	扇	丁	了	差	炎	心

④

1	2	3	4	5	6	7	8	9	10
画	援	凶	綿	舗	跡	食	壊	係	生

問　次の●印の漢字を書き換えが認められている**常用漢字（一字）**に改めよ。

①

1 尖●鋭
2 按●分
3 吃●水
4 歎●願
5 疏●通
6 雑沓●
7 火焔●
8 障碍●
9 特輯●
10 符牒●

②

1 蒐●集
2 駿●才
3 恢●復
4 杜●絶
5 叡●知
6 侵掠●
7 衣裳●
8 稀●釈
9 伸暢●
10 試煉●

答

①

1	2	3	4	5	6	7	8	9	10
先	案	喫	嘆	疎	踏	炎	害	集	丁

②

1	2	3	4	5	6	7	8	9	10
収	俊	回	途	英	略	装	希	長	練

問　次の●印の漢字を書き換えが認められている**常用漢字**（**一字**）に改めよ。

③

1 訊●問
2 繫●船
3 訣●別
4 険岨●
5 炭礦●
6 苑●地
7 射倖●心
8 暗翳●
9 涸●渇
10 滲●透

④

1 動顚●
2 決潰●
3 穎●才
4 弘●報
5 徽●章
6 聯●合
7 宏●壮
8 惣●菜
9 企劃●
10 碇●泊

③

1	2	3	4	5	6	7	8	9	10
尋	係	決	阻	鉱	園	幸	影	枯	浸

④

1	2	3	4	5	6	7	8	9	10
転	壊	英	広	記	連	広	総	画	停

I 対義語・類義語

問 後の□の中の語を選んで漢字に直し、1〜10の対義語・類義語を記せ。

①

対義語

1 蓄財
2 天神
3 強靭
4 着工
5 卑近

類義語

6 愉悦
7 愚昧
8 矛盾
9 核心
10 逆浪

うえん・きんき
しゅんせい・せいこく
ぜいじゃく・ちぎ
とうじん・どうちゃく
どとう・ろどん

②

対義語

1 灌木
2 静寂
3 一斑
4 駄馬
5 富貴

類義語

6 地獄
7 忠告
8 峻厳
9 満作
10 市井

かれつ・かんげん
きょうぼく・けんそう
こうかん・しゅんめ
ぜんぼう・ならく
ひんせん・ほうじょう

③

対義語

1 暴露
2 竣工
3 停滞
4 付与
5 抽出

類義語

6 教導
7 軽率
8 経緯
9 元凶
10 消極

いんぺい・しっかい
しゅかい・しんちょく
そこつ・たいえい
ちゃっこう・てんまつ
はくだつ・ぼくたく

答

①

1	2	3	4	5	6	7	8	9	10
蕩尽	地祇	脆弱	竣成	迂遠	欣喜	魯鈍	撞著・着	正鵠	怒濤

②

1	2	3	4	5	6	7	8	9	10
喬木	喧騒	全貌	駿馬	貧賤	奈落	諫言	苛烈	豊穣	巷間

③

1	2	3	4	5	6	7	8	9	10
隠(陰)蔽	着工	進捗(陟)	剝奪	悉皆	木鐸	粗忽	顚末	首魁	退嬰

問　後の□の中の語を選んで漢字に直し、1〜10の対義語・類義語を記せ。

①

対義語

1 正史
2 明解
3 乱射
4 頑丈
5 凝視

類義語

6 近道
7 滞在
8 巨匠
9 突然
10 工面

かいじゅう・がぜん
しょうけい・ぜいじゃく
せきがく・そげき
とうりゅう・ねんしゅつ
はいし・べっけん

②

対義語

1 愚昧
2 貴顕
3 同調
4 枯淡
5 進取

類義語

6 出帆
7 親睦
8 経緯
9 豊壌
10 判然

そうめい・たいえい
てんまつ・のうえん
ばつびょう・はんばく
びせん・ひよく
めいりょう・ゆうぎ

③

対義語

1 膨大
2 脆弱
3 蓄財
4 晦日
5 必然

類義語

6 前駆
7 腹心
8 総説
9 軽率
10 沈滞

がいぜん・がんじょう
ここう・さくじつ
さしょう・せんべん
そこつ・ちょうらく
とうじん・はんろん

答

①

1	2	3	4	5	6	7	8	9	10
稗史	晦渋	狙撃	脆弱	瞥見	捷径	逗留	碩学	俄然	捻（拈）出

②

1	2	3	4	5	6	7	8	9	10
聡明	微賤	反駁	濃艶	退嬰	抜錨	友誼	顛末	肥沃	明瞭（亮）

③

1	2	3	4	5	6	7	8	9	10
些少	頑丈	蕩尽	朔日	蓋然	先鞭	股肱	汎論	粗忽	凋落

問　後の□の中の語を選んで漢字に直し、1〜10の対義語・類義語を記せ。

①

対義語

1 泰然
2 雄飛
3 称賛
4 祝賀
5 潤沢

類義語

6 放念
7 道楽
8 至純
9 逐電
10 脱俗

あくば・あんど
いんとん・しふく
しゅっぽん・ちょうとう
ひっぱく・ほうとう
むく・ろうばい

②

対義語

1 精密
2 放縦
3 英明
4 獲得
5 緊張

類義語

6 花形
7 固執
8 傑出
9 素朴
10 勃発

ぐまい・こうでい
しかん・じせい
じゃっき・じゅんしん
ずさん・そうしつ
たくえつ・ちょうじ

③

対義語

1 険阻
2 暴露
3 陳腐
4 混同
5 興隆

類義語

6 傾斜
7 高慢
8 算段
9 続出
10 評判

いんぺい・こうせつ
こうばい・ざんしん
しゅんべつ・ちょうらく
ねんしゅつ・ひんぱつ
ふそん・へいたん

答

①

1	2	3	4	5	6	7	8	9	10
狼狽	雌伏	悪罵	弔悼	逼迫	安堵	放蕩	無垢	出奔	隠遁

②

1	2	3	4	5	6	7	8	9	10
杜撰	自制	愚昧	喪失	弛緩	寵児	拘泥	卓越	純真	惹起

③

1	2	3	4	5	6	7	8	9	10
平坦	隠陰 蔽	斬新	峻別	凋落	勾配	不遜	捻出	頻発	巷説

問　後の□の中の語を選んで**漢字に直し**、1〜10の**対義語・類義語**を記せ。

①

対義語

1 払暁
2 懸念
3 称賛
4 渋滞
5 尊敬

類義語

6 周章
7 切迫
8 選出
9 模造
10 懇切

あんど・がんさく
こうこん・しっせき
しょうび・しんちょく
ていちょう・ばってき
ぶべつ・ろうばい

②

対義語

1 授与
2 寛容
3 失墜
4 放任
5 追跡

類義語

6 調理
7 童心
8 愉悦
9 鍛錬
10 葛藤

かっぽう・かんしょう
きんき・しゅんげん
ちき・とうや・とんそう
はくだつ・ばんかい
もんちゃく

③

対義語

1 弊習
2 飛躍
3 絶賛
4 軽侮
5 還俗

類義語

6 的中
7 戯言
8 敗残
9 杜撰
10 脅迫

きょうかつ・ざっぱく
じゅんぷう・せいこく
そんすう・ていはつ
ばとう・ひっそく
もうご・れいらく

答

	1	2	3	4	5	6	7	8	9	10
①	黄昏	安堵	叱責	進捗	侮蔑	狼狽	焦眉	抜擢	贋作	丁鄭 重重
②	剝奪	峻厳	挽回	干渉	遁走	割烹	稚気	欣喜	陶冶	悶（捫）着著
③	醇淳 風	逼塞	罵倒	尊崇	薙剃 髪	正鵠	妄語	零落	雑駁	恐喝

問　次の上段には**対義語**を、下段には**類義語**を後の語群から選んで**漢字**で記せ。

①

対義語

1 瞬間
2 緊張
3 憂慮
4 平安
5 該博

類義語

6 退却
7 傍観
8 苛烈
9 容赦
10 卓越

あんど・えいごう
かんじょ・ざし
しかん・しゅんげん
じょうらん・とんそう
もうまい・りょうが

②

対義語

1 枯渇
2 進取
3 寛大
4 暗愚
5 肥沃

類義語

6 可憐
7 無惨
8 悠揚
9 旺盛
10 閑居

けんこう・こうぶ
さんび・じゅんたく
しゅんれつ・しょうよう
せいそ・そうめい
たいえい・ゆうせい

③

対義語

1 広漠
2 静粛
3 鈍重
4 繁栄
5 斬新

類義語

6 友好
7 台所
8 壊滅
9 器量
10 果報

がかい・きょうさく
けんそう・じょうとう
しんぼく・ちゅうぼう
ちょうらく・びんしょう
みょうり・ようぼう

答

①

1	2	3	4	5	6	7	8	9	10
永劫	弛緩	安案堵	擾乱	蒙・盲(曚・曚)昧	遁走	座坐視	峻厳	寛恕	凌陵駕

②

1	2	3	4	5	6	7	8	9	10
潤沢	退嬰	峻烈	聡明	荒蕪	清楚	酸鼻	従縦容	軒昂	幽棲栖

③

1	2	3	4	5	6	7	8	9	10
狭窄	喧騒(噪・譟躁)	敏捷	凋彫落	常套	親睦	厨(廚)房	瓦解	容貌	冥利

問　後の□の中の語を選んで漢字に直し、1〜10の対義語・類義語を記せ。

①

対義語

1 没落
2 進展
3 催眠
4 追跡
5 威嚇

類義語

6 軽率
7 潔白
8 全快
9 寄留
10 競争

いぶ・かぐう・かくせい
かくちく・そこつ
ていとん・とんそう
へいゆ・ぼっこう・むく

②

対義語

1 軟弱
2 公平
3 覚醒
4 尊崇
5 豪胆

類義語

6 微小
7 突如
8 難解
9 復活
10 隠蔽

おくびょう・かいじゅう
きょうこう・こつぜん
こんすい・ささい
そせい・ひとく
へんぱ・ぼうとく

③

対義語

1 鮮明
2 直進
3 伶利
4 明朗
5 騒擾

類義語

6 消去
7 出奔
8 執着
9 互角
10 大儀

あんたい・いんうつ
うかい・おっくう
こうでい・ちくでん
はくちゅう・ふっしょく
もこ・ろどん

答

①

1	2	3	4	5	6	7	8	9	10
勃興	停頓	覚醒	遁(遯)走	慰撫	楚粗忽	無垢	平愈癒	仮寓	角逐

②

1	2	3	4	5	6	7	8	9	10
強硬	偏頗(陂)	昏睡	冒瀆	憶臆病	些(瑣)細	忽然	晦渋	蘇(甦)生	秘匿

③

1	2	3	4	5	6	7	8	9	10
模糊	迂(紆)廻回	魯鈍	陰鬱	安泰	払拭	逐電	拘泥	伯仲	億劫

問　後の□の中の語を選んで**漢字に直し**、1～10の**対義語・類義語**を記せ。

①

対義語

1 凝視
2 乱射
3 野鳥
4 出立
5 蓄積

類義語

6 工面
7 抗論
8 脱落
9 隠密
10 首尾

かきん・かんちょう
そげき・てんまつ
とうじん・とうりゅう
ねんしゅつ・はんばく
べっけん・らくご

②

対義語

1 賢明
2 接着
3 冷静
4 払暁
5 露出

類義語

6 調理
7 横行
8 懐柔
9 軽侮
10 通暁

かっぽう・ぐまい
げきこう・こうこん
しゃへい・ちしつ
ちょうりょう・はくり
べっし・ろうらく

③

対義語

1 至近
2 爽快
3 他人
4 莫大
5 恩愛

類義語

6 流布
7 恐慌
8 容赦
9 出版
10 利発

うっくつ・えんこん
きんしょう・じょうし
しんせき・そうめい
でんぱ・ゆうじょ
りょうえん・ろうばい

答

①

1	2	3	4	5	6	7	8	9	10
瞥見	狙撃	家禽	逗留	蕩（盪）尽	捻（拈）出	反駁（駮）	落伍後	間諜	顚末

②

1	2	3	4	5	6	7	8	9	10
愚昧	剝離	激昂高	黄昏	遮蔽	割烹亨	跳梁（踉）	籠絡	蔑視	知悉

③

1	2	3	4	5	6	7	8	9	10
遼遠	鬱屈	親戚	僅少	怨恨	伝播	狼狽	宥優恕	上梓	聡明

問　後の□の中の語を選んで**漢字に直し**、1〜10の**対義語・類義語**を記せ。

①

対義語

1 進取
2 富貴
3 惰弱
4 永住
5 停滞

類義語

6 崩壊
7 偽作
8 虚言
9 暴漢
10 恒久

えいごう・がかい
かぐう・がんさく
きょうと・ごうき
しんちょく・たいえい
ひんせん・もうご

②

対義語

1 快諾
2 繁栄
3 富裕
4 付与
5 貫徹

類義語

6 選出
7 欲望
8 強固
9 尊大
10 器量

けんろう・ざせつ
しゅんきょ・ちょうらく
はくだつ・ばってき
ひっぱく・ふそん
ぼんのう・ようぼう

③

対義語

1 尊崇
2 枯渇
3 緊張
4 簡明
5 公平

類義語

6 厨房
7 出色
8 茅屋
9 終身
10 軽率

かいじゅう・しかん
そうあん・そこつ
だいどころ・はくび
ひっせい・へんぱ
ぼうとく・ゆうしゅつ

答

①

1	2	3	4	5	6	7	8	9	10
退嬰	貧賤	豪剛 毅	仮寓	進捗	瓦解	贋作	妄語	兇凶 徒	永劫

②

1	2	3	4	5	6	7	8	9	10
峻拒	彫凋 落	逼迫	剝奪	挫折	抜擢	煩悩	堅牢	不遜	容貌

③

1	2	3	4	5	6	7	8	9	10
冒瀆	湧涌 出	弛緩	晦渋	偏頗	台所	白眉	草庵（菴）	畢生	楚粗 忽

J 四字熟語

問　次の〔　〕に入る適切な語を左の語群から選び、**漢字二字**を**記入**して四字熟語を完成せよ。またその**意味**を**下段**（ア〜シ）から選び（11〜20）に**記号**で記せ。

〔1〕準縄〔11〕　　情緒〔6〕〔16〕

〔2〕菩提〔12〕　　名声〔7〕〔17〕

〔3〕令月〔13〕　　行住〔8〕〔18〕

〔4〕回帰〔14〕　　赤手〔9〕〔19〕

〔5〕蜜語〔15〕　　李下〔10〕〔20〕

えいごう・かくかく・かしん
かでん・きく・くうけん・ざが
てんげん・てんめん・ぼんのう

〈解説・意味〉

ア　ほめことばはうれしい。
イ　日常生活のこと。
ウ　物事や行動の基準。
エ　ばらばらに分裂する。
オ　思いが離れない。
カ　よいお日がらです。
キ　満ち足りた生活だ。
ク　疑われるようなことはするな。
ケ　苦しむことにより悟りに至る。
コ　他人の力を借りない。
サ　人の世は不変だ、生を大切に。
シ　かがやかしい評判。

答

1	2	3	4	5	6	7	8	9	10
規 矩	煩 悩	佳嘉 辰	永 劫	甜 言	纏 綿	赫 赫	座坐 臥	空 拳	瓜 田

11	12	13	14	15	16	17	18	19	20
ウ	ケ	カ	サ	ア	オ	シ	イ	コ	ク

問　次の四字熟語の〔1〜10〕に入る適切な語を左の□から選び、**漢字二字**で記せ。また、その**四字熟語と関係のあるもの**を**下段**ア〜シから選び〔11〜20〕に**記号**で記せ。

〔1〕浮木…〔11〕　　蚕食〔6〕…〔16〕

〔2〕猛進…〔12〕　　百尺〔7〕…〔17〕

〔3〕万頃…〔13〕　　内股〔8〕…〔18〕

〔4〕喪志…〔14〕　　竜章〔9〕…〔19〕

〔5〕羨魚…〔15〕　　自家〔10〕…〔20〕

いっぺき・かんとう・がんぶつ
げいどん・こうやく・ちょとつ
どうちゃく・ほうし・もうき
りんえん

〈解説・意味〉

ア　海や湖が青一色に広がっている。
イ　度を超したていねいさ。
ウ　欲しがるだけでは得られない。
エ　まっすぐ行動する。
オ　最高の到達点。
カ　遊んで本業を忘れる。
キ　約束を固く守る。
ク　無節操な行動。
ケ　めったに起こらないこと。
コ　様々な方法で他国を侵略する。
サ　矛盾していること。
シ　立派な風格。

答

1	2	3	4	5	6	7	8	9	10
盲亀	猪突	一碧	玩物	臨淵	鯨呑	竿頭	膏薬	鳳姿	撞著着

11	12	13	14	15	16	17	18	19	20
ケ	エ	ア	カ	ウ	コ	オ	ク	シ	サ

問　次の四字熟語の〔1～10〕に入る適切な語を左の□から選び、**漢字二字**で記せ。また　その**四字熟語と関係のあるものを下段**ア～シから選び（11～20）に**記号**で記せ。

〔1〕満門…（11）
〔2〕十菊…（12）
〔3〕暮蚊…（13）
〔4〕浄土…（14）
〔5〕豚児…（15）

熟読〔6〕…（16）
曲学〔7〕…（17）
陶犬〔8〕…（18）
前虎〔9〕…（19）
秋風〔10〕…（20）

あせい・がけい・がんみ
けいさい・こうろう・ごんぐ
ちょうよう・とうり・らくばく
りくしょう

〈解説・意味〉

ア　形ばかり立派で役に立たない。
イ　知恵と勇気を共に持つ。
ウ　時期が過ぎては役に立たない。
エ　内容をじっくりあじわう。
オ　往生極楽を心から願う。
カ　運命を自分で切り開く。
キ　優秀な人材が多く集まる。
ク　真理から目を背けて流れに従う。
ケ　小人物がはびこる。
コ　災難、危害が重なる。
サ　さびれてものさびしい様子。
シ　身内の者の謙称。

答

1	2	3	4	5	6	7	8	9	10
桃李	六菖	朝蠅	欣求	荊妻	玩翫味	阿世	瓦鶏	後狼	落莫(寞)・漠

11	12	13	14	15	16	17	18	19	20
キ	ウ	ケ	オ	シ	エ	ク	ア	コ	サ

問　次の四字熟語の〔1～10〕に入る適切な語を左の□から選び、**漢字二字**で記せ。また その**四字熟語と関係のあるものを下段**ア～シから選び〔11～20〕に**記号**で記せ。

〔1〕神助…〔11〕

〔2〕夕虚…〔12〕

〔3〕秀麗…〔13〕

〔4〕西望…〔14〕

〔5〕転生…〔15〕

温柔〔6〕…〔16〕

通暁〔7〕…〔17〕

披星〔8〕…〔18〕

和光〔9〕…〔19〕

一世〔10〕…〔20〕

たいげつ・ちょうえい
ちょうたつ・てんゆう・とうき
どうじん・とんこう・びもく
ぼくたく・りんね

〈解説・意味〉

ア　変化しつつ永遠に続く。
イ　人々を正しく導く人。
ウ　天と地の全ての神々のこと。
エ　穏やかで人情深いこと。
オ　行為や物事の基準・よりどころ。
カ　朝早くから夜遅くまで働く。
キ　才知を隠して目立たないように暮らす。
ク　はかない人生のこと。
ケ　落ち着きなく周囲を見回す。
コ　顔かたちが美しく、ととのっている。
サ　詳しく知っていること。
シ　幸運に恵まれて救われる。

答

1	2	3	4	5	6	7	8	9	10
天 祐佑	朝 盈	眉 目	東 窺	輪 廻	惇敦 厚	暢 達	戴 月	同 塵	木 鐸

11	12	13	14	15	16	17	18	19	20
シ	ク	コ	ケ	ア	エ	サ	カ	キ	イ

問　次の四字熟語の〔1～10〕に入る適切な語を左の□から選び、**漢字二字**で記せ。また その**四字熟語**と**関係のあるもの**を**下段**ア～シから選び（11～20）に**記号**で記せ。

〔1〕同時…（11）

〔2〕一触…（12）

〔3〕生呑…（13）

〔4〕不抜…（14）

〔5〕蜜語…（15）

臥薪〔6〕…（16）

竹頭〔7〕…（17）

欣喜〔8〕…（18）

狐狸〔9〕…（19）

採薪〔10〕…（20）

がいしゅう・かっこ・かっぱく
きゅうすい・じゃくやく
しょうたん・そったく・てんげん
ぼくせつ・ようかい

〈解説・意味〉

ア　自然の中で簡素な生活をする。
イ　時間を大切にすること。
ウ　意志がしっかりして動じない。
エ　目的達成のため苦労に耐える。
オ　相手を喜ばせる上手な言葉。
カ　全てのものは変化する。
キ　好機をとらえて指導する。
ク　ひそかに悪事をする者のたとえ。
ケ　相手を簡単に打ち負かす。
コ　こおどりしてうれしがること。
サ　他人の作品をそのまま盗用する。
シ　役に立たないつまらないもの。

答

1	2	3	4	5	6	7	8	9	10
啐啄	鎧袖	活剥	確 固乎	甜言	嘗胆	木屑	雀躍	妖怪	汲水

11	12	13	14	15	16	17	18	19	20
キ	ケ	サ	ウ	オ	エ	シ	コ	ク	ア

問　次の四字熟語の〔1~10〕に入る適切な語を左の□から選び、**漢字二字**で記せ。またその**四字熟語と関係のあるもの**を**下段**ア~シから選び（11~20）に**記号**で記せ。

〔1〕栄華…（11）
〔2〕夢幻…（12）
〔3〕絶倒…（13）
〔4〕協議…（14）
〔5〕叫喚…（15）

矛盾〔6〕…（16）
暮色〔7〕…（17）
運否〔8〕…（18）
不失〔9〕…（19）
美酒〔10〕…（20）

あび・えいよう・かこう
きゅうしゅ・せいこく
そうぜん・てんぷ・どうちゃく
ほうふく・ほうまつ

〈解説・意味〉

ア　順調に運んでいない。
イ　重要な点を正確に捉らえる。
ウ　行き当たりばったり。
エ　喜ばれるようなもてなし。
オ　極めてむごたらしい有様。
カ　人生のはかなさ。
キ　辺りは薄暗い。
ク　苦労を共にして努力する。
ケ　おなかをかかえて大笑いする。
コ　額をつきあわせて話す。
サ　これでは理解、納得が困難だ。
シ　富や地位を得る。

答

1	2	3	4	5	6	7	8	9	10
栄耀曜（燿）	泡沫	捧抱腹	鳩首	阿鼻	撞着著	蒼然	天賦	正鵠	嘉佳肴

11	12	13	14	15	16	17	18	19	20
シ	カ	ケ	コ	オ	サ	キ	ウ	イ	エ

問　次の四字熟語の〔1〜10〕に入る適切な語を左の□から選び、**漢字二字**で記せ。また**その四字熟語と関係のあるものを下段**ア〜シから選び〔11〜20〕に**記号**で記せ。

〔1〕百出…〔11〕

〔2〕玉杯…〔12〕

〔3〕抽薪…〔13〕

〔4〕絶壁…〔14〕

〔5〕迎合…〔15〕

白兎〔6〕…〔16〕

亡羊〔7〕…〔17〕

虚心〔8〕…〔18〕

沈魚〔9〕…〔19〕

抜山〔10〕…〔20〕

あふ・がいせい・せきう
ぞうちょ・たんかい・だんがい
はたん・ふてい・ほろう
らくがん

〈解説・意味〉

ア　美人のこと。

イ　こだわりなくさっぱりしている。

ウ　解決するには根本の原因をとり除くこと。

エ　多くの意見が出る。

オ　ぜいたくな生活。

カ　あとの祭り。

キ　失敗ばかりしている。

ク　じっと獲物を狙うさま。

ケ　時間のこと。

コ　ピンチに立たされる。

サ　相手の言うなりだ。

シ　勢いのあるさま。

答

1	2	3	4	5	6	7	8	9	10
破綻	象箸	釜底	断崖	阿付附	赤烏	補牢	坦懐	落雁	蓋世

11	12	13	14	15	16	17	18	19	20
キ	オ	ウ	コ	サ	ケ	カ	イ	ア	シ

問　次の四字熟語について、問1と問2に答えよ。

問1 次の四字熟語の（1〜10）に入る適切な語を左の□から選び**漢字二字**で記せ。

ア（1）走牛
イ（2）忠信
ウ（3）錦繡
エ（4）断機
オ（5）玉樹

カ 磨穿（6）
キ 七堂（7）
ク 天神（8）
ケ 紅毛（9）
コ 情緒（10）

がらん・こうてい・しらん・ちぎ
てっけん・てんめん・ぶんぼう
へきがん・もうぼ・りょうら

問2 次の11〜15の**解説・意味**にあてはまるものを**問1のア〜コの四字熟語**から一つ選び、**記号**（ア〜コ）で記せ。

11 猛勉強を続ける。
12 優れた人材が輩出する。
13 弱小なものが強大なものを制する。
14 思いがいつまでも離れない。
15 父母や周囲の人々を大切にする。

答

問1

1	2	3	4	5	6	7	8	9	10
蚊虻	孝悌	綾羅	孟母	芝蘭	鉄硯	伽藍	地祇	碧眼	纏綿

問2

11	12	13	14	15
カ	オ	ア	コ	イ

問　次の四字熟語について、**問1**と**問2**に答えよ。

問1 次の四字熟語の（1～10）に入る適切な語を左の□から選び**漢字二字**で記せ。

ア（1）万里
イ（2）大儒
ウ（3）美俗
エ（4）重来
オ（5）昇天
カ 名誉（6）
キ 抜本（7）
ク 規矩（8）
ケ 一虚（9）
コ 暗中（10）

いちえい・きょくじつ・けんど
じゅんじょう・じゅんぷう
せきがく・そくげん・ばんかい
ほうてい・もさく

問2 次の11～15の**解説・意味**にあてはまるものを**問1のア～コの四字熟語**から一つ選び、**記号**（ア～コ）で記せ。

11 勢いが盛んなこと。
12 元気になってやりなおす。
13 常に変化する。
14 皆が認める研究者。
15 災いの原因を取り除く。

答

問1

1	2	3	4	5	6	7	8	9	10
鵬程	碩学	淳醇風	捲巻土	旭日	挽回	塞源	準縄	一盈	摸模索

問2

11	12	13	14	15
オ	エ	ケ	イ	キ

問　次の四字熟語について、問1と問2に答えよ。

問1　次の四字熟語の（1～10）に入る適切な語を左の□から選び**漢字二字**で記せ。

ア（1）曲浦
イ（2）満門
ウ（3）落飾
エ（4）猛進
オ（5）類狗

カ 甲論（6）
キ 紫電（7）
ク 粗酒（8）
ケ 不倶（9）
コ 名声（10）

いっせん・おつばく・かくかく
がこ・そさん・たいてん
ちょうてい・ちょとつ・ていはつ
とうり

問2　次の11～15の**解説・意味**にあてはまるものを**問1のア～コの四字熟語**から一つ選び、**記号**（ア～コ）で記せ。

11　本物を真似ても似て非なるものになる。

12　意見のやりとり。

13　特定の人を激しく恨み憎む。

14　俗世を捨てて仏門に入る。

15　きわめて短い時間。

答

問1

1	2	3	4	5	6	7	8	9	10
長汀	桃李	薙剃（剔）髪	猪突	画虎	乙駁（駮）	一閃	粗餐	戴天	赫赫

問2

11	12	13	14	15
オ	カ	ケ	ウ	キ

K 故事・成語・諺

問　次の故事・成語・諺の**カタカナ**の部分を漢字で記せ。

①

1 **アイサツ**は時の氏神。

2 **クモ**の子を散らす。

3 青麦に**コウ**れ稲。

4 **カデン**に履を納《い》れず。

5 **テップ**の急を告げる。

6 **ビワ**を家の周りに植えるな。

7 桜三月**ショウブ**は五月。

8 人を犯す者は**ランボウ**の患いあり。

9 **カニ**は甲羅に似せて穴を掘る。

10 命長ければ**ホウライ**を見る。

②

1 **オウム**よく言えども飛鳥を離れず。

2 門前**ジャクラ**を張る。

3 君子は**ヒョウヘン**す。

4 失敗は人にあり、**カンジョ**は神にあり。

5 天は尊く地は卑くして**ケンコン**定まる。

6 **ソバ**の花は蜂の酒。

7 **コブシ**の花の盛りが苗代の盛り。

8 **ヒョウタン**から駒が出る。

9 昔とった**キネヅカ**。

10 武士は食わねど高**ヨウジ**。

③

1 **ミノ**を着て笠が無い。

2 **サバ**雲が出れば大漁。

3 **ヒジ**を曲げて之を枕とす。

4 **ヒノキ**舞台を踏む。

5 **ロギョ**章草の誤り。

6 **ランデン**玉を生ず。

7 **リュウイン**を下げる。

8 **ヒイラギ**の葉を門口にさせば鬼が来ぬ。

9 **サイシン**の憂いあり。

10 事が延びれば**オヒレ**が付く。

答

①

1	2	3	4	5	6	7	8	9	10
挨拶	蜘蛛・蜘・蛛	小熟	瓜田	轍鮒	枇杷	菖蒲	乱亡	蟹	蓬莱

②

1	2	3	4	5	6	7	8	9	10
鸚鵡	雀羅	豹変	寛恕	乾坤	蕎麦	辛夷	瓢箪	杵柄	楊枝子

③

1	2	3	4	5	6	7	8	9	10
蓑(簑)	鯖(鰚)	肱・肘(臂)	檜	魯魚	藍田	溜飲	柊	采薪	尾鰭

問　次の故事・成語・諺の**カタカナ**の部分を漢字で記せ。

①

1 **ノウチュウ**の物を探るが如し。

2 **ニジュ**に冒される。

3 **リカ**一枝、春　雨を帯ぶ。

4 自家**ヤクロウ**中の物。

5 煩悩も亦、是**ボダイ**なり。

6 **ウド**の大木。

7 暫く**ココウ**を凌ぐ。

8 秋の日は**ツルベ**落とし。

9 親の欲目と他人の**ヒガメ**。

10 **シャカ**に説法、孔子に悟道。

②

1 **ヒサシ**を貸して母屋を取られる。

2 **センダン**は双葉より芳し。

3 **ソウコウ**の妻は堂より下さず。

4 一斑を見て**ゼンピョウ**を下す。

5 危うきこと**ルイラン**のごとし。

6 **ヒバリ**高く上がれば晴れ。

7 **ロウソク**は身を減らして人を照らす。

8 夫婦**ゲンカ**は犬も食わぬ。

9 **ホウオウ**群鶏と食を争わず。

10 **ウソ**も誠も話の手管。

③

1 **サヤ**走りより口走り。

2 蠅が飛べば**アブ**も飛ぶ。

3 **ウ**の真似する烏。

4 麻に添う**ヨモギ**は矯めざるに直くなる。

5 万緑**ソウチュウ**紅一点。

6 **コウキョク**の形には縄直の影なし。

7 **コリ**の精、尾を露す。

8 **コウフン**花を生ず。

9 百尺**カントウ**に一歩を進む。

10 **キュウソ**猫を噛む。

答

①

1	2	3	4	5	6	7	8	9	10
嚢中	二豎	梨花	薬籠	菩提	独活	糊（餬）口	釣瓶	僻目	釈迦

6	7	8	9	10
雲雀 告天子	蠟燭	喧嘩 （諠譁）	鳳凰	嘘

②

1	2	3	4	5
庇（廂）	栴檀	糟糠	全豹	累卵

③

1	2	3	4	5	6	7	8	9	10
鞘	虻（蝱）	鵜	蓬	叢中	鉤曲	狐狸	口吻	竿頭	窮鼠

問　次の故事・成語・諺の**カタカナ**の部分を漢字で記せ。

①

1風が吹けば桶屋が**モウ**かる。

2**センダン**は双葉より芳し。

3**キリン**も老いては駑《ど》馬に劣る。

4話に**オヒレ**を付ける。

5負け犬の**トオボ**え。

6大勇は**キョウ**なるが如く大智は愚かなるが如し。

7蟷螂の**オノ**を怒らかして隆車に向かうが如し。

8**ムケイ**(注1)の言は聴くことなかれ。

9靴を隔てて痒《かゆ》きを**カ**く。

10**セイコク**(注2)を射る。

注1　根拠がはっきりしないこと
　2　まとの中心の黒点

②

1衣食足りて**エイジョク**を知る。

2正直貧乏　横着**エイヨウ**。

3門松は**メイド**の旅の一里塚。

4**シュツラン**の誉れ。

5座敷の**チリトリ**団扇ですます。

6新聞は社会の**ボクタク**。

7前車の**フクテツ**を踏まず。

8理屈と**コウヤク**はどこへでもつく。

9天を仰いで**ツバキ**する。

10はりも**ルリ**も磨けば光る。

③

1**リョウキン**は樹を択ぶ。

2下手な**カジ**屋も一度は名剣。

3やはり野に置け**レンゲ**草。

4荒馬の**クツワ**は前からとれ。

5賭博に**フケ**る――これは破滅への門である。

6瓜の**ツル**には茄子はならぬ。

7人を**ノロ**わば穴二つ。

8出る**クイ**は打たれる。

9長口上は**アクビ**の種。

10**ミダ**の光も金次第。

答

①

1	2	3	4	5	6	7	8	9	10
儲	栴檀	騏麒驎麟	尾鰭	遠吠	怯	斧	無稽	掻(抓・爬)	正鵠

②

1	2	3	4	5	6	7	8	9	10
栄辱	栄曜耀	冥途土	出藍	塵取	木鐸	覆轍	膏薬	唾	瑠璃

③

1	2	3	4	5	6	7	8	9	10
良禽	鍛冶	蓮華	轡(銜・勒)	耽	蔓	呪(詛)	杭	欠・欠伸	弥陀

問　次の故事・成語・諺の**カタカナ**の部分を漢字で記せ。

①

1 **カイケイ**の恥を雪ぐ。
2 **ミジン**積もって山となる。
3 付け焼き刃は**ナマ**り易い。
4 **エンオウ**の契りを結ぶ。
5 牡丹に唐**ジシ**竹に虎。
6 **チョウベン**馬腹に及ばず。
7 羊を亡いて**ロウ**を補う。
8 **イツミン**を挙ぐれば、天下の民、心を帰す。
9 麦藁**タコ**に祭鱧。
10 淵に臨みて魚を**ウラヤ**むは退いて網を結ぶに如かず。

②

1 笑顔に当てる**コブシ**は無い。
2 人間万事**サイオウ**が馬。
3 **スス**掃きの米びつ。
4 **タ**めるなら若木のうち。
5 **ノミ**の頭を斧で割る。
6 **ホ**れて通えば千里も一里。
7 **モウ**けぬ前の胸算用。
8 香炉峰の雪は**スダレ**をかかげて看る。
9 先祖の屋敷を**ナス**畑。
10 **キカ**居くべし。

③

1 日　西山にせまりて気息**エンエン**たり。
2 わが物食えば**カマド**将軍。
3 **リョウ**上の君子。
4 **ケシ**の中に須弥山あり。
5 膿んだら**ツブ**せ。
6 生は**ジンコウ**(注)なり、死生は昼夜たり。
7 **バクシュウ**の嘆。
8 佳景に**チョウジョク**皆忘る。
9 紅旗征**ジュウ**吾が事に非ず。
10 薪は割って**タ**け、米はついて食え。

(注) **ジンコウ**…世俗のわずらわしい事柄

答

①

1	2	3	4	5	6	7	8	9	10
会稽	微塵	鈍	鴛鴦	獅子	長鞭	牢	逸（軼佚）民	蛸・章魚（鮹・鱆）	羨

②

1	2	3	4	5	6	7	8	9	10
拳	塞翁	煤	矯	蚤	惚	儲	簾	茄子	奇貨

③

1	2	3	4	5	6	7	8	9	10
奄奄	竈	梁	芥子（罌粟）	潰	塵垢	麦秀	寵辱	戎	焚

問　次の故事・成語・諺の**カタカナ**の部分を漢字で記せ。

①

1 竜の髭を**ナ**で虎の尾を踏む。
2 **ハッサク**は麦まんじゅうの食い終《じま》い。
3 至貴は**シャク**を待たず。
4 大行は**サイキン**(注)を顧みず。大礼は小譲を辞せず。
5 **シックイ**の上塗りに借金の目塗り。
6 **マト**まる家には金もたまる。
7 気を吐き**マユ**を揚ぐ。
8 **ヒジ**鉄砲を食わす。
9 **キョウボク**は風に折らる。
10 **ジュシ**をして名を成さしむ。

(注) **サイキン**…つまらないつつしみごと

②

1 晩学といえども**セキガク**に昇る。
2 画**ベイ**飢えを充たさず。
3 河豚好きで**キュウ**(注)嫌い。
4 **ツナ**がぬ舟の浮きたる例なし。
5 珍客も長座に過ぎれば**イト**われる。
6 大海を耳**カ**きで測る。
7 知らぬ神より**ナジ**みの鬼。
8 多忙な**ミツバチ**には悲しむ暇がない。
9 三たび**イサ**めて聴かざれば則ち退く。
10 **ホラ**と喇叭《らっぱ》は大きく吹け。

(注) **キュウ**…やいと

③

1 渇して井を**ウガ**つ。
2 **カセイ**は虎よりも猛し。
3 **アバタ**もえくぼ。
4 船に懲りて**コシ**を忌む。
5 **タマキ**(注)の端無きが如し。
6 **ワサビ**と浄瑠璃は泣いて賞める。
7 **カユ**腹も一時。
8 **クツワ**を急にしてしばしば策うつ者は千里の御に非ず。
9 **キャラ**の仏に箔置く。
10 馬革に**シカバネ**をつつむ。

(注) **タマキ**…輪

答

①

1	2	3	4	5	6	7	8	9	10
撫(捫・拊)	八朔	爵	細謹	漆喰	纏	眉	肘・肱(臂)	喬木	豎(孺)子

②

1	2	3	4	5	6	7	8	9	10
碩学	餅	灸	繫・係・維	厭	搔(爬・抓)	馴染(昵)	蜜蜂	諫(諍)	法螺

③

1	2	3	4	5	6	7	8	9	10
穿(鑽・鑿・鐫)	苛政	痘痕(痘瘢)	輿(輦)	環(鐶) 手纏	山葵(山薑)	粥(糜・餬・鬻)	轡(銜・勒)	伽羅	屍(尸)

問　次の故事・成語・諺の**カタカナ**の部分を漢字で記せ。

①

1 死は或いは泰山より重く、或いは**コウモウ**より軽し。

2 朝**トビ**に蓑を着よ。夕とびに笠を脱げ。

3 **ノレン**を守る。

4 眉に**ツバ**をつける。

5 **シノ**を乱す雨。

6 飛鳥尽きて良弓蔵れ、狡兎《こうと》死して**ソウク**烹らる。

7 **ヒル**に塩。

8 下手な**アンマ**と仲裁は初めより悪くなる。

9 **シャベ**る者は半人足。

10 柳下恵は**アメ**を見て老人を養う物とし、盗《とう》跖《せき》は錠を開くるに良き物とす。

②

1 塗り箸で**ソウメン**食う。

2 **ホウライサン**に住む神仏。

3 昔は**ヤリ**が迎えに来た。

4 澹泊《たんぱく》(注)の士は必ず**ノウエン**の者の疑うところとなる。

5 化けの皮が**ハ**がれる。

6 **オウム**返し。

7 **チャガラ**も肥になる。

8 天網**カイカイ**疎にして漏らさず。

9 **ウケ**に入る。

10 鳥窮すれば則ち**ツイバ**む。

（注）澹泊…淡泊に同じ

③

1 **スイトウ**(注)を以て太山を堕《こぼ》つ。

2 骨折り損の**クタビ**れ儲け。

3 香**ジ**の下には必ず死魚あり。

4 朝菌は**カイサク**を知らず。

5 網　**ドンシュウ**の魚を漏らす。

6 腹の皮が張れば目の皮が**タル**む。

7 富貴にして故郷に帰らざるは、**シュウ**(注)を着て夜行くがごとし。

8 **ケサ**と衣は心に着よ。

9 蟷螂《とうろう》ひじを怒らして**シャテツ**(注)に当たる。

10 燕雀安んぞ**コウコク**の志を知らんや。

（注）**スイトウ**…先のとがった小さなかたな
シュウ…にしき　**シャテツ**…わだち

答

①

1	2	3	4	5	6	7	8	9	10
鴻毛	鳶(鵄・鴟)	暖簾	唾	篠	走狗	蛭	按摩	喋(喃)	飴・糖

②

1	2	3	4	5	6	7	8	9	10
索素麺	蓬萊山	槍・鎗・鑓	濃艶	剥	鸚鵡	茶殻	恢恢	有卦	啄(啅)

③

1	2	3	4	5	6	7	8	9	10
錐刀	草臥	餌	晦朔	呑舟	弛	繍	袈裟	車轍	鴻鵠

問　次の故事・成語・諺の**カタカナ**の部分を漢字で記せ。

①

1 **カナエ**を列ねて食す。
2 **サザエ**に金平糖。
3 味噌**コ**しで水を掬う。
4 どじょう汁に**キンツバ**。
5 私聴すれば耳をして**ロウ**(注)せしむ。
6 **ヌ**れ手で粟。
7 君子**ホウチュウ**に入るに忍びず。
8 大は小を兼ねるも**シャクシ**は耳掻きにならぬ。
9 **バクギャク**の交わり。
10 掃き**ダ**めに鶴。

(注) **ロウ**…耳が聞こえないこと

②

1 **コヒョウ**は其の爪を外にせず。
2 亀の年を鶴が**ウラヤ**む。
3 白駒の**ゲキ**を過ぐるがごとし。
4 旅の犬が尾を**スボ**める。
5 鶏の**アバラボネ**を惜しむ。
6 錆に腐らせんより**ト**(注)で減らせ。
7 **タタ**くに小を以てすれば、則ち小鳴す。
8 地獄の**サタ**も金次第。
9 **コショウ**(注)鳴らし難し。
10 **アブハチ**取らず。

(注) **ト**…刃物をとぐ石
コショウ…片方のてのひら

③

1 梨の皮は姑に**ム**かせ、柿の皮は嫁にむかせ。
2 **ガイコツ**を乞う。
3 千丈の堤も**ギケツ**より崩れる。
4 幽谷よりいでて**キョウボク**に遷る。
5 片手で**キリ**はもめぬ。
6 門前**ジャクラ**を張る。
7 禍福は**アザナ**える縄の如し。
8 **コウサ**(注)は拙誠に如かず。
9 **ウロ**の争い。
10 虎の能く狗を服する所以のものは**ソウガ**なり。

(注) **コウサ**…じょうずな嘘

答

①

1	2	3	4	5	6	7	8	9	10
鼎	栄拳螺	漉(濾)	金鍔	聾	濡	庖厨(廚)	杓子	莫逆	溜

②

1	2	3	4	5	6	7	8	9	10
虎豹	羨	隙(郤)	窄(歙)	肋(骭)骨	砥	叩(扣)	沙汰	孤掌	虻蜂

③

1	2	3	4	5	6	7	8	9	10
剝	骸骨	蟻穴	喬木	錐(鑽)	雀羅	糾(糺)	巧詐	烏鷺	爪牙

問　次の故事・成語・諺の**カタカナ**の部分を漢字で記せ。

①

1 金を山に蔵し、珠を**フチ**に蔵す。

2 **カナヅチ**の川流れ。

3 玉の**コシ**に乗る。

4 田も遣ろう、**アゼ**も遣ろう。

5 人生　字を識るは**ユウカン**の始め。

6 学びて**イト**わず、教えて倦まず。

7 一擲《てき》**ケンコン**を賭す。

8 **ヤクジ**に親しむ。

9 爪の**アカ**を煎じて飲む。

10 盤根**サクセツ**に遇いて利器を知る。

②

1 **コウゼン**の気を養う。

2 破れ鍋に**ト**じ蓋。

3 **サイハイ**を振る。

4 門松は**メイド**の旅の一里塚。

5 **ユガ**み木も山の賑わい。

---

6 百尺**カントウ**一歩を進む。

7 筆を誤りて**ハエ**を作る。

8 闇夜に烏、雪に白**サギ**。

9 **シュウビ**を開く。

10 二股**ゴウヤク**。

③

1 **センダン**は双葉より香し。

2 **ノレン**に腕押し。

3 土用**ウシ**に鰻。

4 **キュウソ**猫を嚙む。

5 **トタン**の苦しみ。

6 **カンタン**相照らす。

7 知者は未だ**キザ**さざるに見る。

8 公家の達者は歌・**ケマリ**。

9 信は**ボダイ**の源。

10 身から出た**サビ**。

答

①

1	2	3	4	5	6	7	8	9	10
淵	金 鎚槌	輿(輦)	畔・畦(畛)	憂 患	厭	乾 坤	薬 餌	垢	錯 節

6	7	8	9	10
竿 頭	蠅	鷺	愁 眉	膏 薬

②

1	2	3	4	5
浩 然	綴	采 配	冥 途土	歪

③

1	2	3	4	5	6	7	8	9	10
栴(旃)檀	暖 簾	丑	窮 鼠	塗 炭	肝 胆	萌・兆	蹴 鞠	菩 提	錆(銹)

三　文章

文章（解説）

L　文章を読み、書く

三　文章（解説）

名文を読み楽しむ

小説や詩に限ることなく、随筆や評論、紀行や記録など、優れた達意の文章に接し、読み親しむのは無上の喜びである。

人生のその時期その時期において、自分の仕事や趣味に応じ、興味や関心に応じ、手に取る本は変わり行く。そして、読み方も変わる。子供の頃には一冊をじっくりと読み、繰り返し読むということもあった。学習上では、課題に即して必要なところだけを取り出して読むということもあった。そうした本の読み方、扱い方を身に付けて大人になった。

現在、文庫本は読みやすく分かりやすくという方針から基本的に表記は国語施策に従う。即ち、常用漢字表を初め現代仮名遣い、送り仮名の付け方、外来語の表記などもそうである。しかし、現今の文章の表記が総てそうなっているわけではない。前に見たように新聞や雑誌、単行本などでも、それらの漢字の字種の使用状況は常用漢字表を遥かに越えていた。学校教育で覚えた常用漢字表に掲げる漢字の字種、字体、音訓は、実は基礎的基本的な教養として位置づけられるものなのであって、ここから拡がることとなる。

時代やジャンルを問わず、個人としての読書生活を障害なく営む土台を築くのが「準一級」の漢字力であるとするなら、楽しくそうするために名文により時間を忘れて楽しみつつ力を付けるというのも一方法であると考える。

例えば、明治時代の名作により漢字力を向上させる

森鷗外「舞姫」の一節を引く。「…四階の屋根裏には、エリスはまだ寝《い》ねずと覺《おぼ》しく、烱然《けいぜん》たる一星の火、暗き空にすかせば、明かに見ゆるが、降りしきる鷺《さぎ》の如き雪片に、乍《たちま》ち掩はれ、乍ちまた顯れて、風に弄ばるゝに似たり。戸口に入りしより疲を覺えて、身の節の痛み堪へ難ければ、這ふ如く梯《きざはし》を登りつ。…」

夏目漱石「吾輩は猫である」の一節を引く。「…吾輩は人間と同居して彼等を觀察すればする程、彼等は我儘なものだと斷言せざるを得ない様になった。殊に吾輩が時々同衾《どうきん》する小供（ママ）の如きに至つては言語道斷である。自分の勝手な時は人を逆さにしたり、頭へ袋をか

ぶせたり、抛り出したり、へっついの中へ押し込んだりする。（中略）此間も一寸疊で爪を磨《と》いだら細君が非常に怒つてそれから容易に座敷へ入れない。…」

谷崎潤一郎「春琴抄」の一節を引く。「…春琴も蓐中にあつて靜かに仰臥してゐたが何故か呍々《うんく》と呻つてゐる佐助は最初春琴が夢に魘《うな》されてゐるのだと思ひお師匠さまどうなされましたお師匠さまと枕元へ寄つて搖り起さうとした時我知らずあと叫んで兩眼を蔽ふた佐助々々わては淺ましい姿にされたぞ…」

要するに、このような作品を遅滞なく読み進み味わい楽しむという読解力が備わっていれば、「準一級」の漢字力があるということになる。

一連の国語施策、就中常用漢字表にあって漢字使用の目安を設けるとしたのは、日常一般の国語（日本語）の生活において相互のコミュニケーションを円滑にするという意図があってのものである。「目安」という語には、やたらに漢字の字種を膨れさせないようにという配慮がある。公的な社会生活は、それでよかろう。法令・公用文書、また広く読まれる新聞などは、である。しかし、個々人の文字生活や文芸などは、そうした枠に嵌め込まれないのが本筋であるし、歴史上の文化遺産についても、原典を保存するという意味において改竄は許されない。これは、文化遺産の保存、継承ということでもある。したがって、右に挙げたような作品をそのままに読解し鑑賞できる能力を養うことも、知識人としての当然の所為であると思う。

取り上げた文章は、一つの手掛かり

ここに問題文として取り上げている文章は、右に述べたような読解力、それを支える漢字力について、自ら検討し、更に前進するための一つの手掛かりを与えているものというふうに位置づける。「準一級」の漢字の字種について、具体的な文章によって、どの程度、能くすることができるかについて確かめるのである。したがって、これに解答するということで終わるものではない。

生涯に亘り、学習し続けたい。

L 文章を読み、書く

問　文章中の波線（1〜10）の**カタカナ**を漢字に直し、二重傍線（ア〜コ）の**漢字の読み**を**ひらがな**で記せ。

もう自然はもとの自然だった。いつの間にか元通りな崩壊したような淋しい表情に満たされて涯もなく君の周囲に拡がっていた。君は唯独り真夜中の**クラヤミ**の中にすすり上げながら、真白に積んだ雪の上にうずくまってしまった。立ち続ける力さえ失ってしまって。

君よ!!

この上君の内部生活を忖度《そんたく》したり揣摩《しま》したりするのは僕のなし得る所ではない。それは不可能であるばかりではなく、君を瀆すと同時に僕自身を瀆す事だ。君の談話や手紙を綜合した僕のこれまでの想像は謬っていない事を僕に信ぜしめる。**シカ**し僕はこの上の想像を避けよう。

兎も角君はかかる内部の**カットウ**の激しさに堪えかねて、去年の十月にあのスケッチ**チョウ**と真率な手紙とを僕に送ってよこしたのだ。

君よ。しかし僕は君のために何を為す事が出来ようぞ。君とお会いした時も、君のような人

答　書取

1	2	3	4	5	6	7	8	9	10
暗闇	然・併・而	葛藤	帖・帳	免疫	強靱(靭・靱)	端的	喉・咽(喉)	煩悶	癒・愈・療

が――全然都会の臭味から**メンエキ**[5]されて、過敏な神経や過量な人為的智見にわずらわされず、強健な意力と、**キョウジン**[6]な感情と、自然に育まれた叡智[ク]とを以て自然を**タンテキ**[7]に見る事の出来る君のような土の子が――芸術の捧誓者となってくれるのをどれ程望んだろう。けれども僕は**ノド**[8]まで出そうになる言葉を強いて抑えて、凡[ケ]てをなげうって芸術家になったらいいだろうとは君に勧めなかった。

それを君に勧めるものは君自身ばかりだ。君がただ独りで忍ばなければならない**ハンモン**[9]――それは痛ましい陣痛の苦しみであるとは云[コ]え、それは君自身で苦しみ、君自身で**イヤ**[10]さなければならぬ苦しみだ。

（有島武郎『生まれ出づる悩み』による）

読み

ア	イ	ウ	エ	オ	カ	キ	ク	ケ	コ
さび	はて	けが	そうごう	あやま	と（も）かく	な	えいち	すべ	い

問　文章中の波線（1〜10）の**カタカナ**を漢字に直し、二重傍線（ア〜コ）の**漢字の読み**（すべて**訓読み**）を**ひらがな**で記せ。

貞吉は気が急[ア]かれて大股[イ]に歩き出した。五月も半ば。日はもう長い。見渡す彼方の**ガイセン**[1]門は烈しい夕焼の空を後にして**モノスゴ**[2]い程濃く聳《そび》えている。其の下から真っ直に、広広と、緩やかな傾斜をなしたシャンゼリゼーの大道には、無数の馬車・自動車の列が、目の舞うように動揺している。日日見馴[ウ]れた光景ではあるが、流石[エ]、巴里でなければ見られない繁華豪奢《しゃ》の有様に心は如何ほど家路を急ぎながら、眼は今更の如く牽[オ]きつけられて眺め入る。**ゴウゴウ**[3]と大地を揺する車輪と**バテイ**[4]の響きの中には何と云う強さと深さとが含まれているのであろう。

（中略）色付いた夕方の水蒸気と人馬の塵埃《じんあい》とで、あたりはぼっと**カス**[5]んでいる。大道の左右に広がる深い若葉の木立は、車の動揺と相反して、如何にも静かである。幾千本とも知れぬ其の**コズエ**[6]は、一斉の高さに連なり、近いものから、一株一株とこんもりした茂りの列が段段に、緑から紫、紫から紺色に、極く遠い処は、黄昏[カ]の空に対して、雲のように黒く棚曳[キ]いている。

答　書取

1	2	3	4	5	6	7	8	9	10
凱旋	物凄（淒）	轟轟	馬蹄	霞	梢（標・杪）	隙間・郤	鼠	誘	迂（紆）曲

足の向くままに木立の蔭[ク]に這入[ケ]ると、夕方の空気の冷たさと若葉の薫りとが際立って感じられる。大空は高い橡の木の若葉でスキマ[7]なく遮られているが、夏の明るい黄昏の光は、一層ゆかしく七重八重に立ち交じる太い幹の間に漂っている。蟠《わだかま》るような、低い灌木の茂りは、遠近に従い、朧《おぼろ》ながらに微妙な濃淡を示す。其の間へと奥深く、ネズミ[8]色した砂の輝く優しい小径[コ]が、さながら人を夢幻の境にイザナ[9]い入れるよう、行先も知れずウキョク[10]して行く。

（永井荷風『ふらんす物語』による）

読み

ア	イ	ウ	エ	オ	カ	キ	ク	ケ	コ
せ	おおまた	な	さすが	ひ	たそがれ	たなび	かげ	はい	こみち

問　文章中の波線（1〜10）の**カタカナ**を**漢字**に直し、二重傍線（ア〜コ）の**漢字の読み**（すべて**訓読み**）を**ひらがな**で記せ。

政道は地道である限りは、咎《とが》めの帰する所を問うものは無い。一旦常に変わった処置があると、誰の捌[ア]きかと云う**センギ**[1]が起こる。当主の御覚えめでたく、御側[イ]去らずに勤めて居る大目付役に、林外記《げき》と云うものがある。小才覚があるので、若殿様時代のお**トギ**[2]には相応していたが、物の大体を見る事に於[ウ]いては及ばぬ所があって、**トカク**[3]苛察に傾きたがる男であった。阿部弥一右衛門は故殿様のお許しを得ずに死んだのだから、真の殉死者と弥一右衛門との間には境界を附けなくてはならぬと考えた。そこで阿部家の**ホウロク**[4]分割の策を献じた。光尚《みつひさ》も思慮ある大名であったが、まだ物馴れぬ時の事で、弥一右衛門や**チャクシ**[5]権兵衛と懇意でないために、思い**ヤ**[6]りが無く、自分の手元に使って馴染[エ]のある市太夫がために加増になると云う処に目を附けて、外記の言を用いたのである。

十八人の侍が殉死した時には、弥一右衛門は御側に奉公していたのに殉死しないと云って、

答　書取

1	2	3	4	5	6	7	8	9	10
詮(僉)議	伽	兎角	俸禄 封禄	嫡子 嫡嗣	遣	僅(纔)	遺骸	侮蔑	傍輩 朋輩

家中のものが卑しんだ。さて、[7]**ワズ**かに二三日を隔てて弥一右衛門は立派に切腹したが、事の当否は措[オ]いて、一旦受けた辱めは容易に消え難く、誰も弥一右衛門を褒[カ]めるものが無い。上では弥一右衛門の[8]**イガイ**を霊屋《おたまや》のかたわらに葬[キ]ることを許したのであるから、跡目相続の上にも強いて境界を隔てずに置いて、殉死者一同と同じ扱いをして好かったのである。そうしたなら阿部一族は面目を施して挙[ク]って忠勤を励んだのであろう。然るに上で一段下がった扱いをしたので、家中のものの阿部家[9]**ブベツ**の念が公[ケ]に認められた形になった。権兵衛兄弟は次第に[10]**ホウバイ**に疎[コ]んぜられて、快快《おうおう》として日を送った。

（森　鷗外『阿部一族』による）

読み

ア	イ	ウ	エ	オ	カ	キ	ク	ケ	コ
さば	そば	お	なじみ	お	ほ	ほうむ	こぞ	おおやけ	うと

問　文章中の波線（1〜10）の**カタカナ**を**漢字**に直し、二重傍線（ア〜コ）の**漢字の読み**（す べて**訓読み**）を**ひらがな**で記せ。

風をよく通す御簾をかけた几《き》帳を背に、真新しい高麗縁《こまべり》の厚畳《あつじょう》が敷かれ、女院はそこに坐られた。遠くで**ビワ**、笙《しょう》、箏《そう》、笛、太鼓で音楽が奏でられていたが、女院が着席されると、楽の音はやんだ。

主人役の藤原清隆殿が「夏の満月を仰ぎながら寛ぎと遊楽の一と時をお過ごしいただければ、これに過ぎる喜びはございませぬ。**コヨイ**は、とくに待賢門院さまの御意向もございますゆえ、お集まりの方々も万事暑気凌ぎの遊宴、無礼講にわたるもよしと思し召され、御酒など存分お嗜《たしな》み遊ばされるよう一言申し上げる次第でございます」と言って、女院の前に平伏した。

広間を取りまく簀子縁《すのこえん》には燈架が一間ごとに置かれ、廂《ひさし》に懸けられた唐草紋透かし彫りの球形鉄製の懸燈籠にともる小さな炎とともに、紫の光沢を含んだような夏の滑らかな闇のなかで、鬼火となって踊っていた。

答　書取

1	2	3	4	5	6	7	8	9	10
琵琶	今宵	萌(萠)葱・黄	蘇芳(枋・方)	袴	銚子	注	粥(鬻)	膳	冴

綺《き》麗に着飾った揃[オ]いの**モエギ**[3]の汗衫《かざみ》、**スオウ**[4]の表《うえの》**ハカマ**[5]を着け、輪を二つ並べた髪型に結った女童《めのわらわ》が客たちに長柄[カ]の蒔[キ]絵の**チョウシ**[6]で盃[ク]に酒を**ツ**[7]いだ。つづいて黒塗りの角高坏《かくたかつき》に、汁物、薯蕷《いも》**ガユ**[8]、鳥の焼き物などを載せた、童水干《わらわすいかん》姿の男童《おのわらわ》が、一列になって入ってくると、女院以下の客たちの前にその**ゼン**[9]を据え、平伏し、それから同じように列を作って出ていった。音楽はそのあいだまた遠くで奏された。

庭先で呪師《のろんじ》たちの曲芸が披露され、つづいて賑[ケ]やかな鉦[コ]、太鼓で囃《はや》す急調子の田舞《たまい》の舞手たちが舞った。

実能殿は月の射しこむ簀子縁に坐り、静かにびわを弾かれたが、その神仙味を帯びた幽玄の調べに、公能殿の笛の喨々《りょう》と**サ**[10]えた響きが巧みに溶けて、一座の人々は、月の輝く虚空へ、しばし時を忘れてさ迷う思いをした。

（辻　邦生『西行花伝』による）

読み

ア	イ	ウ	エ	オ	カ	キ	ク	ケ	コ
みす	くつろ	しの	やみ	そろ	ながえ	まき	さかずき	にぎ	かね

問　文章中の波線（1〜10）の**カタカナ**を**漢字**に直し、二重傍線（ア〜コ）の**漢字の読み**を**ひらがな**で記せ。

もし日本座敷を一つの墨絵に喩《たと》えるなら、障子は墨色の最も淡い部分であり、床の間は最も濃い部分である。私は、数寄を**コ**[1]らした日本座敷の床の間を見る毎に、いかに日本人が陰翳《えい》の秘密を理解し、光と蔭との使い分けに巧妙であるかに感嘆する。なぜなら、そこには此と云う特別な設定があるのではない。要するに唯[ア]**セイソ**[2]な木材とせいそな壁とを以て一つの**クボ**[3]んだ空間を仕切り、そこへ引き入れられた光線がくぼみの此処彼処[イ]へ朦朧《もうろう》たる隈[ウ]を生むようにする。にも拘[エ]わらず、われらは落とし懸けのうしろや、花活けの周囲や、違い棚の下などを塡[オ]めている闇を眺めて、それが何でもない蔭であることを知りながらも、そこの空気だけがシーンと沈み切っているような、**エイゴウ**[4]不変の閑寂がその暗がりを領しているような感銘を受ける。思うに西洋人の云う「東洋の神秘」とは、かくの如き暗がりが持つ無気味な静かさを指すのであろう。われらと雖《いえど》も少年の頃は、日の目の届かぬ茶の間や書院の床の間の奥を視つめると、云い知れぬ怖れと寒けを覚えたものである。而[カ]もその神秘の鍵[キ]は何処にあるのか。種明かしをすれば、畢竟《きょう》それは陰翳の魔法であって、もし隅々に作られている蔭を追い除《の》けてしまったら、忽焉《えん》としてその床の間は唯の空白に帰するのである。

元来書院と云うものは、多くの場合、窓は明かり取りと云うよりも、むしろ側面から射して

答　書取

1	2	3	4	5	6	7	8	9	10
凝	清楚	凹・窪	永劫	一旦	辿	伽藍	殆・幾	溜	昏迷（混）

くる外光を[5]**イッタン**障子の紙で濾《ろ》過して、適当に弱める働きをしている。まことにあの障子の裏に照り映えている逆光線の明かりは何と云う寒々とした、わびしい色をしていることか。庇[ク]をくぐり、廊下を通って、ようようそこまで[6]**タド**り着いた庭の陽光は、もはや物を照らし出す力もなくなり、血の気も失せてしまったかのように、ただ障子の紙の色を白々と際立たせているに過ぎない。私はしばしばあの障子の前に佇《たたず》んで、明るいけれども少しも眩《まば》ゆさの感じられない紙の面を視つめるのであるが、大きな[7]**ガラン**建築の座敷などでは、庭との距離が遠いためにいよいよ光線が薄められて、春夏秋冬、晴れた日も、曇った日も、朝も、昼も、夕も、[8]**ホトン**どそのほのじろさに変化がない。そして縦繁《たてしげ》の障子の桟[ケ]の一とコマ毎にできている隈が、さながら塵が[9]**タ**まったように、永久に紙に沁《し》み着いて動かないのかと訝《いぶか》しまれる。そう云う時、私はその夢のような明るさをいぶかりながら眼をしばたたく。何か眼の前にもやもやとかげろうものがあって、視力を鈍らせているように感ずる。それはそのほのじろい紙の反射が、床の間の濃い闇を追い払うには力が足らず、却[コ]って闇にはね返されながら、明暗の区別のつかぬ[10]**コンメイ**の世界を現じつつあるからである。

（谷崎潤一郎『陰翳礼讃』による）

読み

ア	イ	ウ	エ	オ	カ	キ	ク	ケ	コ
ただ	かしこ	くま	かか	うず	しか	かぎ	ひさし	さん	かえ

問　文章中の波線（1〜10）の**カタカナ**を**漢字**に直し、二重傍線（ア〜コ）の**漢字の読み**を**ひらがな**で記せ。

東大寺の歴史は大仏の歴史であり、大仏の歴史はやがて大仏寂滅の歴史である。天平十五年聖武天皇親しく鋳造の詔を発し、天平勝宝四年開眼供養の盛儀が行われてより、現代にいたるまでおよそ千二百年になるが、この間さしたる異変なく当初の姿を保っていたのは治承四年までである。その年の冬、平重衡の兵火によって伽藍の大部分が焼失した。その後も**シバシバ**災禍を蒙って、今に残る大仏は江戸時代の再建に成るもので、往時の威容はもとよりうかがうべくもない。わずかに台座の蓮弁が天平の面影をとどめるのみである。我々は今の東大寺を訪れてもその大きいのに驚くが、建立当初の規模は更に比較にならぬほど巨大であり、言語を絶した荘厳華麗を現出していたと伝えられる。私もしばしばあの境内に立って、そういう古の姿を想像してみるのだが、ちょっと**ケントウ**がつかない。大仏殿の背後には、これにふさわしい講堂や食堂が建っていた。更にこれを囲んで**ショウロウ**、戒壇院、大門その他の堂宇が幾十となく、三笠山の**フモト**、方八町、二十四万余坪の境内に新しい甍《いらか》を陽に輝かしていた。のみならず、一切の建物が美しい朱や緑に**ヌ**られ、すかし彫りの金具や軒の**フウタク**や箜篌《くご》がきらびや

答　書取

1	2	3	4	5	6	7	8	9	10
屢・屢屢・数・数数	見当	鐘楼	麓(梺)	塗	風鐸	尊貌	菩薩	刺繍	偲

かに映った。また本尊大仏の**ソンボウ**[7](注)も、現在とは同日の談ではなく、薬師寺に現存する白鳳の薬師如来、乃至[キ]は三月堂の不空羂索《けんじゃく》観音等の傑作から想像する以外にないとのことであるから、その崇高壮麗は蓋[ク]し空前であったであろう。かような本尊を中心に、左右に三丈の高さをもつ如意輪[ケ]観音と虚空蔵**ボサツ**[8]の坐像が並び、それをまた身の丈各四丈もある金色の四天王が彩色華やかな甲[コ]に身を固めて四隅を護持し、内陣の東西に懸けた五丈にあまる帳には、「光容円備、不異神功」と旧記の讃嘆せるような大観世音ぼさつが**シシュウ**[9]されていたという。私は夢幻のごとく辛うじて当初を**シノ**[10]ぶことが出来たのであったが、空前おそらく絶後の豪華絢爛《けんらん》ぶりを現出していたことが推察される。

（亀井勝一郎『大和古寺風物詩』より）

（注）**ソンボウ**…高貴なお顔のこと

読み

ア	イ	ウ	エ	オ	カ	キ	ク	ケ	コ
じゃくめつ	ちゅうぞう	がらん	こうむ	こんりゅう	そうごん しょうごん	ないし	けだ	にょいりん	よろい

問　文章中の傍線（1〜10）の**カタカナ**を**漢字**に直し、波線（ア〜コ）の**漢字の読み**を**ひらがな**で記せ。

シリモチ[1]ついて驚くところを、狐憑《つ》きめ忌[ア]ま忌ましい、と駄力ばかりは近江のお兼、顔は子供の福笑いに眼を付け**ユガ**[2]めた多福面《おかめ》の如き房州出らしき下婢《おさん》の憤怒[イ]、**コブシ**[3]を挙げて丁と打ち猿臂《えんぴ》を伸ばして突き飛ばせば、十兵衛堪《たま》らず汚塵《ほこり》に塗[ウ]れ、はいはい、狐に誑《つま》まれました御免なされ、と云いながら悪口雑言[エ]聞き捨てに痛さを忍びて逃げ走り、漸[オ]く我が家に帰りつけば、おお御帰りか、遅いのでどういう事かと案じて居ました、まあ塵埃《ほこり》まぶれになってどうなされました、と払いにかかるを、**カマ**[4]うなと一言、気の無さそうな声で打ち消す。その顔を**ノゾ**[5]き込む女房の真実心配そうなを見て、何か知らず無性[カ]に悲しくなってじっと湿《うる》みのさしくる眼、自分で自分を叱るように、ええと図らず声を出し、煙草を**ヒネ**[6]って何気なくもてなすことはもてなすものの言葉も無し。平時《つね》に変われる状態《ありさま》を大方それと推察してさて慰むる便《すべ》もなく、問うてよきやら問わぬがよきやら心にかかる今日の首尾をも、口には出して尋ね得ぬ女房は胸を

答　書取

1	2	3	4	5	6	7	8	9	10
尻（臀）餅	歪	拳	構	覗・窺（覘）	捻・撚（拈・捫）	杉箸	莞爾	褒美	辛

痛めつつ、その一本は[7]**スギバシ**でからくも用を足す火ばしに挟んで添える消し炭の、あわれ甲斐なき火力を頼りに土瓶の茶をば温めるところへ、遊びに出たる猪之の戻りて、やあ父様帰ってきたな、父様も建てるか坊も建てたぞ、これ見て呉れと、さもさも勇ましく障子を明けてほめられたさが一杯に罪無く[8]**カンジ**と笑いながら、指さし示す塔の模形《まねかた》。母は襦袢《じゅばん》の袖を嚙[キ]み声も得たてず泣き出せば、十兵衛涙に浮くばかりの円[ク]らの眼をむき出し、まじろぎもせでぐいと睨《ね》めしが、おお出来《でか》した出来した、好く出来《でき》た、[9]**ホウビ**をやろう、ハッハハハと咽[ケ]び笑いの声高く屋の棟にまで響かせしが、そのまま頭を天に対[コ]かわし、ああ、弟とは[10]**ツラ**いなあ。

（幸田露伴『五重塔』より）

読み

ア	イ	ウ	エ	オ	カ	キ	ク	ケ	コ
い	ふんぬ ふんど	まみ まぶ	ぞうごん	ようや	むしょう	か	つぶ	むせ	む

問　文章中の傍線（1〜10）の**カタカナ**を**漢字**に直し、波線（ア〜コ）の**漢字の読み**を**ひらがな**で記せ。

宗近君は脱いだ両**ソデ**[1]をぐるぐると腰へ巻き付けると共に、毛脛《ずね》に纏[ア]わる縦**ジマ**[2]の**スソ**[3]をぐいと端折って、同じく白縮緬[イ]の周囲に畳み込む。最前そで畳みにした羽織を桜の杖の先へ引き懸けるが早いか「一剣天下を行く」と遠慮のない声を出しながら、十歩に尽くる岨[ウ]みちを飄《ひょう》然として左へ折れたぎり見えなくなった。

あとは静かである。静かなる事定まって、静かなるうちに、わが一脈の命を**タク**[4]すると知った時、此の大乾坤[エ]のいずくにか通う、わが血潮は、粛粛と動くにも拘[オ]わらず、音なくして寂定裏《じゃくじょうり》(注)に**ケイガイ**[5]を土木視して、しかも依稀たる活気を帯ぶ。生きてあらん程の自覚に、生きて受くべき**ウヤムヤ**[6]の累[カ]いを捨てたるは、雲の岫《しゅう》を出で、空の朝な夕なを変わると同じく、凡ての拘泥[キ]を超絶したる活気である。古今来を空しうして、東西位を尽くしたる世界の外なる世界に片足を踏み込んでこそ――それでなければ化石になりたい。赤も吸い、青も吸い、黄も紫も吸い尽くして、元の五彩に還[ク]す事を知らぬ真黒な化石になりたい。それでなければ死んでみ

答　書取

1	2	3	4	5	6	7	8	9	10
袖	縞	裾	託・托	形骸	有耶無耶	詮	徒	膨・脹	編（辮）

たい。死は万事の終わりである。また万事の始めである。時を積んで日となすとも、日を積んで月となすとも、月を積んで年となすとも、[7]**セン**ずるに凡てを積んで墓となすに過ぎぬ。墓のこちら側なる凡てのいさくさは、肉一重の垣に隔てられた因果に、枯れ果てたるがいこつに入らぬ情けの油を注して、要なき屍[ケ]に長夜の踊《おどり》をおどらしむる滑稽である。遐《はるか》なる心を持てるものは、遐なる国をこそ慕え。

考えるともなく考えた甲野君は漸[コ]くに身を起こした。又歩かねばならぬ。見たくもない叡山を見て、要らざる豆の数数に、役にも立たぬ登山の痕跡を、二三日が程は、苦しき記念と残さねばならぬ。苦しき記念が必要ならば数えて白頭に至って尽きぬ程ある。さいて髄に入って消えぬ程ある。[8]**イタズラ**に足の底に[9]**フク**れ上がる豆の十や二十――と切り石の鋭き上に半ば掛けたる[10]**ア**み上げの踵《かかと》を見下ろす途端、石はきりりと面を更えて、乗せかけた足をすわと言う間に二尺程滑らした。

（夏目漱石『虞美人草』より）

（注）寂定裏…妄想を離れた境涯

読み

ア	イ	ウ	エ	オ	カ	キ	ク	ケ	コ
まつ／まと	ちりめん	そば	けんこん	かか	わずら	こうでい	かえ	しかばね／かばね	ようや

問　文章中の傍線（1〜10）の**カタカナ**を**漢字**に直し、波線（ア〜コ）の**漢字の読みをひらがな**で記せ。

都近い此の辺の村では、陽暦陰暦を折衷して一月おくれで年中行事をやる。陽暦正月は村役場の正月、小学校の正月である。いささか神楽[ア]の心得ある若者連が、松の内のにぎわいを見物かたがた東京に**シシマイ**[1]に出かけたり、甲州街道を紅白美々しく飾り立てた初荷の荷馬車が新宿さして軋《きし》らしたり、黒の帽子に紫の袈裟、**シロタビ**[2]に高足駄の街道筋の坊さんが、年玉を入れた萌黄[イ]の大風呂敷包みを頸からつるして両手で抱えた草鞋《わらじ》ばきの寺男を連れて檀家の廻礼をしたりする外は、村は餅搗《つ》くでもなく、門松一本立つるでなく、至極平気な一月である。唯農閑なので、青年の夜学がはじまる。井浚《いどさら》え、木小屋の作事、屋根の**フ**[3]き更え、農具の修繕なども、此の隙にする。日なたぼこりで孫いじりにも飽いたじじいの仕事は、啣《くわ》え煙管の背手《うしろで》で、ヒョイヒョイと野らの麦踏み。若い者の仕事は東京行きの下肥取りだ。寒中の下肥には、蛆《うじ》が涌かぬ。堆肥[ウ]製造には持て来いの季節、所謂寒練り[エ]である。夜永の夜なべには、親子兄弟大きな炉側《ろばた》で、コトコト藁を擣《う》っては、俺[オ]は幾わだおめえは何足かと競争しての縄綯《なわな》い草履[カ]草鞋作り。かみさんや娘は、油煙立つランプの傍《はた》でぼろつぎ、兵隊に出て居る自家《うち》の兼公の**ウワサ**[4]も

答　書取

1	2	3	4	5	6	7	8	9	10
獅子舞	白足袋	葺	噂	箪笥	煤	賑(殷)	牡丹	祖父 爺	塩鮭

出よう。東京帰りに兄が見て来た都の嫁入り車の話もあろう。

都では晴れの春着も夙《とう》に[5]タンスの中に入って、歌留多会の手疵《きず》も痕[キ]になり、お座敷つづきのあとに大妓小妓[ク]のぐったりとして欠伸[ケ]を噛む一月末が、村の師走の[6]スス掃き、つづいて餅搗きだ。寒餅はわるくならぬ。水に浸して置いて、年中の茶うけ、忙しい時の飯代わり、多い家では一石も二石も搗く。縁者親類加勢し合って、歌声[7]ニギやかに、東でもぽったん、西でもどったん、深夜の眠りを驚かして、夜の十二時頃から夕方までも舂《つ》く。陽暦で正月を済ましてとくに餅は食うてしもうた美的百姓の家へ、にこにこ顔の糸ちゃん春ちゃんが朝飯前に[8]ボタ餅を持って来てくれる。辰[9]ジイさん家《とこ》のは大きくて他家《よそ》の三倍もあるが、搗きが細かで、上手に紅入りの宝袋なぞ拵《こさ》えてよこす。篠田の金さん処《とこ》のは、餡《あん》は黒砂糖だが、手奇麗で、小奇麗な蓋物[コ]に入れてよこす。気取ったおかず媼《ばあ》さんからは、餡がお気に召すまいからと云って、唯搗き立てをちぎったままで一重よこす。礼に往って見ると、奥は正月前らしく奇麗に掃かれて、土間にはちゃんと[10]シオザケの二枚もつるしてある。

（徳冨蘆花『みゝずのたはこと』より）

読み

ア	イ	ウ	エ	オ	カ	キ	ク	ケ	コ
かぐら	もえぎ	たいひ	いわゆる	おれ おら	ぞうり	あと	たいぎしょうぎ	あくび	ふたもの

問　文章中の傍線（1〜10）の**カタカナ**を**漢字**に直し、波線（ア〜コ）の**漢字の読み**を**ひらがな**で記せ。

馬車は此の怪しき美人を以て満員となれり。発車の号鈴は割るるばかりに姑[ア]く響けり。

向者《さき》より待合所の椽《えん》に倚《よ》りて、一篇の書を繙《ひもと》ける二十四五の壮佼《わかもの》あり。盲縞の腹懸け、**モモヒキ**[1]に汚れたる白小倉の背広を着て、ゴムの解《ほっ》れたる深靴をはき、鍔[イ]広なるむぎわら帽子を**アミダ**[2]にかぶりて、専念に書見したりしが、此の時鈴の音を聞くと斉しく身を起こして、翻然《ひらり》と御者台に乗り移れり。御者は書巻を腹掛けの衣兜《かくし》に収め、**カワヒモ**[3]を附けたる竹根の鞭を執りて、徐《しずか》に手綱を**サバ**[4]きつつ身構うる時、一輛《りょう》の人力車ありて南より来り、疾風の如く馬車の側《かたわ》らを掠[ウ]めて、瞬く間《ひま》に一点の黒影となり畢[エ]わんぬ。

御者は黙して頷《うなず》きぬ。忽ち鞭の鳴ると共に、二頭の馬は高く嘶《いなな》きて一文字に跂《は》ね出《い》だせり。

不意を吃《くら》いたる乗合は、坐に堪《たま》らずして殆[オ]うく転び墜ちなんとせり、奔馬は中を駈けて、見る見る腕車《くるま》を乗っ越したり。今此の車夫が馬車に後れて、喘《あえ》ぎ喘ぎ走るを見るより、其処に客待ちせる夥間《なかま》の一人は、手に唾して躍り出で、「おい、兄弟しっかりしなよ。馬車の畜生如何《どう》してくりょう。」矢庭に対曳《さしびき》の綱を**カジボウ**[5]に投げ懸くれば、疲れたる車夫は勢いを得て、「ありが

答　書取

1	2	3	4	5	6	7	8	9	10
股引	阿弥陀	革紐 皮	捌	梶棒	悶	叱	轡(銜・勒)	頓挫	弄・玩・翫

てえ！ 頼むよ。」「合点だい！」それと云うまま挽き出だせり。二人の車夫は勇ましく相呼び相応えつつ、卒[カ]かに驚くべき速力をもて走りぬ。やがて町はずれの狭く急なる曲がり角を争うと見えたりしが、人力車《くるま》は無二無三に突進して、遂に一歩を抽[キ]きけり。

向者《さきのほど》は腕車を流眄《しりめ》に見て、最も揚々たりし乗合の一人は、「さあ、やられた！」と身を**モダ**[6]えて騒げば、車中いずれも同感の色を動かして、力瘤《こぶ》を握るもあり、地韛《じだたら》を蹈《ふ》むもあり、奴を**シッ**[7](注)して切《しきり》に喇叭《らっぱ》を吹かしむるもあり。御者は縦横に鞭を揮いて、はげしく手綱を掻[ク]い繰れば、馬背の流汗滂沱《ぼうだ》として掬[ケ]すべく、**クツワ**[8]頭《づら》に嚙《は》み出だしたる白あわは木綿の一袋もありぬべし。

有恁《かかる》ほどに車体は一上一下と動揺して、或いは**トンザ**[9]し、或いは傾斜し、唯[コ]是れ風の落葉を捲き、早瀬の浮木を**モテアソ**[10]ぶに異ならず。乗合は前後に俯《ふ》仰し、左右に頽《なだ》れて、片時も安き心は無く、今にも此の車顚覆か、但しは其の身投げ落とさるるか。孰《いず》れも怪我は免《のが》れぬ所と、老いたるは震い慄《おのの》き、若きは凝《す》え瞳《まなこ》になりて、唯一秒の後を危ぶめり。

（泉　鏡花『義血俠血』より）

（注）**シッ**…大声でしかりつける

読み

ア	イ	ウ	エ	オ	カ	キ	ク	ケ	コ
しばら	つば	かす	お	あや	にわ	ぬ	か	きく	ただ

問　文章中の傍線（1〜10）の**カタカナ**を**漢字**に直し、波線（ア〜コ）の**漢字の読み**を**ひらがな**で記せ。

其の頃、悟空は自分の力の限界を知らなかった。彼は藕《ぐう》糸歩雲の履を穿き鎖子黄金の甲を着け、如意金箍《こ》棒を揮って闘った。列仙の集まる蟠《はん》桃会を擾《さわ》がし、其の罰として閉じ込められた八卦炉をも打ち破って飛び出すや、群がる天兵を打ち倒し**ナ**ぎ倒し、霊宵殿の前に戦うこと半日余り。其の時丁度、釈迦牟尼如来が其処を通りかかり、闘いを停め給うた。悟空曰く、「東勝神州傲《ごう》来国華果山に石卵より生まれたる此の**オレ**の力を知らぬとは。おれは既に不老長生の法を修《ず》し畢わり、雲に乗り風に御し、一瞬に十万八千里を行く者だ。」如来曰く、「大きなことを言うものではない。十万八千里はおろか我が掌《てのひら》に上がって、さて、其の外へ飛び出すことすら出来まいに。」「何を！」と腹を立てた悟空は、いきなり如来の掌の上に跳《おど》り上がった。「おれは通力によって八十万里を飛行するのに、儞《なんじ》の掌の外に飛び出せまいとは何事だ！」言いも終わらず觔《きん》斗雲に打ち乗って忽ち二三十万里も来たかと思われる頃、赤く大いなる五本の柱を見た。渠は此の柱の許に立ち寄り、真ん中の一本に、斉天大聖到此一遊とすみくろぐろと書きしるした。さて再び雲に乗って如来の掌に飛び帰り、得々として言った。「掌どころか、既に三十

答　書取

1	2	3	4	5	6	7	8	9	10
薙	俺	抑 抑 抑	墨痕	儘	岩 巌窟	増上慢	天竺	呪符	遥 遥

万里の遠くに飛行して、柱にしるしを留めて来たぞ！」如来は笑った。「汝の通力が[3]**ソモソモ**何事を成し得るというのか？ 汝は先刻から我が掌の内を往返したに過ぎぬではないか。嘘と思わば、此の指を見るがよい。」悟空が異[カ]しんで、よくよく見れば、如来の右手の中指に、未だ[4]**ボッコン**も新しく、斉天大聖到此一遊と己の筆跡で書き付けてある。「これは？」と驚いて振り仰ぐ如来の顔から、今迄の微笑が消えた。如来は手を翻して彼を取り抑え、その[5]**ママ**五指を化して五行山とし、悟空を其の山の下に押し込め、唵嘛呢叭咪吽《おんまにはつめいうん》の六字を金書して山頂に貼り給うた。爾後[キ]、餓うる時は鉄丸を喰らい、渇する時は銅汁を飲んで、[6]**ガンクツ**の中に封じられたまま、贖《しょく》罪の期の充ちるのを待たねばならなかった。悟空は、今迄の極度の[7](注)**ゾウジョウマン**から、一転して極度の自信の無さに堕[ク]ちた。五百年経って、[8]**テンジク**への旅の途中に偶々[ケ]通り掛かった三蔵法師が五行山頂の[9](注)**ジュフ**を剥[コ]がして悟空を解き放って呉れた時、彼はワアワアと哭《な》いた。嬉し涙であった。悟空が三蔵に随って[10]**ハルバル**てんじく迄ついて行こうというのも唯この嬉しさ有り難さからである。

（中島敦『悟浄歎異―沙門悟浄の手記―』より）

（注）**ゾウジョウマン**…悟っていないのに悟ったと思って、たかぶること
ジュフ…まじないのふだ

読み

ア	イ	ウ	エ	オ	カ	キ	ク	ケ	コ
く　つ	はっけろ はっかろ	お	か　れ	も　と	あ　や	じ　ご	お	たまたま	は

干支順位表

甲子（きのえね）	乙丑（きのとうし）	丙寅（ひのえとら）	丁卯（ひのとう）	戊辰（つちのえたつ）	己巳（つちのとみ）	庚午（かのえうま）	辛未（かのとひつじ）	壬申（みずのえさる）	癸酉（みずのととり）
甲戌（きのえいぬ）	乙亥（きのとい）	丙子（ひのえね）	丁丑（ひのとうし）	戊寅（つちのえとら）	己卯（つちのとう）	庚辰（かのえたつ）	辛巳（かのとみ）	壬午（みずのえうま）	癸未（みずのとひつじ）
甲申（きのえさる）	乙酉（きのととり）	丙戌（ひのえいぬ）	丁亥（ひのとい）	戊子（つちのえね）	己丑（つちのとうし）	庚寅（かのえとら）	辛卯（かのとう）	壬辰（みずのえたつ）	癸巳（みずのとみ）
甲午（きのえうま）	乙未（きのとひつじ）	丙申（ひのえさる）	丁酉（ひのととり）	戊戌（つちのえいぬ）	己亥（つちのとい）	庚子（かのえね）	辛丑（かのとうし）	壬寅（みずのえとら）	癸卯（みずのとう）
甲辰（きのえたつ）	乙巳（きのとみ）	丙午（ひのえうま）	丁未（ひのとひつじ）	戊申（つちのえさる）	己酉（つちのととり）	庚戌（かのえいぬ）	辛亥（かのとい）	壬子（みずのえね）	癸丑（みずのとうし）
甲寅（きのえとら）	乙卯（きのとう）	丙辰（ひのえたつ）	丁巳（ひのとみ）	戊午（つちのえうま）	己未（つちのとひつじ）	庚申（かのえさる）	辛酉（かのととり）	壬戌（みずのえいぬ）	癸亥（みずのとい）

準一級用 漢字音訓表

一、**漢字の字体**

①**標準字体**（第一段）

②字の中に「⺾・艹・⺿」の部分を含むものは、便宜上「⺾」に統一した。

③○印　**人名用漢字**

●印　**国字（和字）**とされるもの

☆印　**印刷標準字体**　平成十二年十二月八日国語審議会答申による

二、**部首**　原則として『**康熙字典**』に準拠した。赤字にて表示した。

三、**読み**

①**音読み**（第二段）

②**訓読み**（第三段）

※**字義**も含む。

※自動詞・他動詞がある場合、その一方を省略したものがある。

準一級

標準字体	音読み	訓読み
一		
丑○	チュウ	うし
丞○	ショウ ジョウ	たす(ける)
丨		
串☆	セン カン	つらぬ(く) な(れる) くし
丶		
丿		
乃○	ダイ ナイ	の すなわ(ち) なんじ
之○	シ	これ こ(の) の ゆ(く)
乍	サ	たちま(ち) なが(ら)
乎☆	コ	か や を かな
乚乙		
也○	ヤ	なり や か また
乞☆	キツ コツ	こ(う)
亅		
二		
云☆	ウン	い(う)
亙	コウ	わた(る)
亘○	コウ セン	わた(る)
些☆	サ	いささ(か) すこ(し)
亠		
亥○	ガイ	い
亦○	エキ	また
亨○	キョウ コウ ホウ	とお(る) に(る)
亮○	リョウ	あき(らか) すけ
人		
𠆢亻		
仇☆	キュウ	かたき あだ つれあい
什	ジュウ	とお
仔☆	シ	た(える) こま(か) こ
伊○	イ	かれ これ ただ
伎○	ギ キ	わざ たくみ
伍○	ゴ	くみ いつ(つ)
伽○	カ ガ キャ	とぎ
佃☆	テン デン	たがや(す) つくだ か(り)
佑○	ウ ユウ	たす(ける) たす(け)
伶○	レイ	さか(しい) わざおぎ
侃○	カン	つよ(い)
佼○	コウ	うつく(しい)
俄☆	ガ	にわ(か) にわか
俠☆	キョウ	おとこだて きゃん
侶☆	リョ ロ	とも
俁●☆		また
倭○	イ ワ	やまと
俺☆	エン	おれ われ
倶☆	ク グ	とも(に)
倦☆	ケン	う(む) あ(きる) あぐ(む) つか(れる)
倖○	コウ	さいわ(い) へつら(う)
偓	アク	かかわ(る)
偲○	シ	しの(ぶ)

標準字体	音読み	訓読み
僅☆	キン	わず(かに) わず(か)
傭☆	ヨウ	やと(う)
僑☆	キョウ	やど(る) かりずまい
僻☆	ヘキ ヘイ	かたよ(る) ひが(む) ひめがき
儘☆	ジン	ことごと(く) まま
儲☆	チョ	そえ もう(ける) たくわ(える)
儿		
允○	イン	まこと まこと(に) ゆる(す) じょう
兇☆	キョウ	わる(い) おそ(れる)
兎☆	ト	うさぎ
兜☆	トウ ト	かぶと
入入		
ハ八		
其☆	キ	そ(の) それ
冂		
冖		
冥☆	メイ ミョウ	くら(い)
冫		
冴○	ゴ	さ(える)
冶○	ヤ	い(る) と(ける) なまめ(かしい)
凋	チョウ	しぼ(む)
凄☆	セイ	すご(む) すご(い) すさ(まじい) さむ(い)
凌○	リョウ	しの(ぐ)
几		
凧●☆		たこ
凪●○		なぎ な(ぐ)
凰☆	オウ コウ	おおとり
凱○	カイ ガイ	かちどき やわ(らぐ)
凵		
函☆	カン	い(れる) はこ よろい
刂刀		
剃☆	テイ	そ(る)
剝☆	ハク ホク	は(ぐ) は(げる) は(がれる) む(く) と(る)
劃	カク	わ(かつ) くぎ(る)
劉☆	リュウ	ころ(す) つら(ねる)
力		
劫☆	キョウ コウ ゴウ	おびや(かす) かす(める)
勃☆	ホツ ボツ	にわ(かに) お(こる)
勹		
勾☆	コウ	ま(がる) とら(える)
勿☆	モチ ブツ	なか(れ)
匂●☆		にお(う) にお(い)
匕		
匙	シ	さじ
匚		
匡○	キョウ	ただ(す) すく(う)
匪	ヒ	わるもの あら(ず)
匸		
十		

準一級

標準字体	音読み	訓読み
廿☆	ジュウ	にじゅう
卜		
卜☆	ホク ボク	うらな(う) うらな(い)
卦	カ ケ	うらな(う) うらな(い)
卩		
叩☆	コウ	たた(く) はた(く) ひか(える)
卯○	ボウ	う
卿☆	ケイ キョウ	きみ くげ
厂		
厭☆	エン オン ヨウ	おさ(える) いと(う) あ(きる) いや

標準字体	音読み	訓読み
厩☆	キュウ	うまや
厨☆	チュウ ズ	くりや はこ
厶		
又		
叉☆	サ シャ	また さ(す) こまね(く) こまぬ(く)
叛☆	ハン ホン	そむ(く) はな(れる)
叡○	エイ	かしこ(い)
叢☆	ソウ	くさむら むら(がる)
口		
叶○	キョウ	かな(う)

標準字体	音読み	訓読み
只○	シ	ただ
叱☆	シチ シツ	しか(る)
吃☆	キツ	ども(る) く(う) す(う)
吊☆	チョウ	つ(る) つる(す)
吋	スン トウ	インチ
吾○	ゴ	われ わ(が)
呑☆	トン ドン	の(む)
吠☆	ハイ バイ	ほ(える)
吻☆	フン	くちさき くちびる
呆☆	ホウ ボウ タイ	あき(れる) おろ(か)

標準字体	音読み	訓読み
呂○	リョ ロ	
呪☆	ジュ シュウ	のろ(う) のろ(い) まじな(う) まじな(い)
咳☆	カイ ガイ	せき せ(く) しわぶき しわぶ(く)
咽☆	イン エツ エン	のど むせ(ぶ) の(む)
哉○	サイ	かな や か
哨☆	ショウ	みはり
唄○	バイ	うた
哩	リ	マイル
啄○	タク トク	ついば(む)
唖☆	ア アク	ああ わら(う)

標準字体	音読み	訓読み
啐☆	サイ ソツ	な(める) なきごえ
唾☆	タ ダ	つば つばき
喬○	キョウ	たか(い) おご(る)
喧☆	ケン	かまびす(しい) やかま(しい)
喉☆	コウ	のど
喋☆	チョウ	しゃべ(る) ふ(む)
喰●☆		く(らう) く(う)
嘉○	カ	よ(い) よみ(する)
嘗☆	ショウ ジョウ	な(める) かつ(て) こころ(みる)
嘩☆	カ	かまびす(しい)

標準字体	噓☆	噌☆	噂☆	嘶●☆	噸●	嚙☆	囊☆	口	圃☆	土
音読み	キョ	ソウ ソ	ソン			ゴウ	ノウ ドウ		ホ	
訓読み	ふ(く) は(く) すすりな(く) うそ	かまびす(しい)	うわさ	はなし	トン	か(む) かじ(る)	ふくろ		はた はたけ	

標準字体	坐☆	圭○	坤	坦☆	尭○	垢☆	埴☆	堆☆	埠
音読み	ザ	ケイ	コン	タン	ギョウ	コウ ク	ショク	タイ ツイ	フ
訓読み	すわ(る) いなが(ら) そぞろ(に) いま(す) おわ(す) ましま(す)	たま かどだ(つ)	つち ひつじさる	たい(ら)	たか(い)	あか よご(れる) けが(れる) はじ	はに	うずたか(い)	つか はとば

標準字体	埜	埼☆	堰☆	堵☆	堺☆	塙	塞☆	塡☆	塘
音読み	野に同じ	キ	エン	ト	カイ	カク コウ	ソク サイ	テン	トウ
訓読み		さき	せき いせき せ(く)	かき	さかい	かた(い) はなわ	ふさ(ぐ) せ(く) み(ちる) とりで	ふさ(ぐ) ふさ(がる) うず(める) うず(まる) は(める)	つつみ

標準字体	麈☆	壕☆	士	壬☆	壺☆	夂	夊	夕	夙	大
音読み	ジン	ゴウ		ジン ニン	コ				シュク	
訓読み	ちり	ほり		みずのえ おもね(る)	つぼ				つと(に) はや(い) まだき	

標準字体	夷☆	奄☆	奈○	套☆	爽○	女	妓☆	妖☆	姑☆
音読み	イ	エン	ダイ ナ ナイ	トウ	ソウ		ギ	ヨウ	コ
訓読み	たい(らか) たい(らげる) ころ(す) うずくま(る) おご(る) えびす えみし	おお(う) ふさ(がる) たちま(ち)	なん(ぞ) いかん いかん(ぞ)	おおい かさ(ねる) おお(う)	あき(らか) さわ(やか) たが(う)		わざおぎ あそびめ こ	あや(しい) なまめ(かしい) わざわ(い)	しゅうとめ しゅうと おんな しばら(く)

標準字体	音読み	訓読み
妾☆	ショウ	めしつかい めかけ わらわ
姐	ソ シャ	あね あねご ねえ
妬☆	ト	ねた(む) そね(む) や(く)
娃	ア アイ	うつく(しい)
姦☆	カン	よこしま みだら かしま(しい)
姪☆	テツ	めい
姥☆	ボ モ	うば ばば
姶	オウ	みめよ(い)
娩☆	ベン	う(む) うつく(しい)
娼☆	ショウ	あそびめ
婁	ル ロウ	つな(ぐ) つな(がれる)
媛○	エン	ひめ
嫉☆	シツ	ねた(む) そね(む) にく(む)
嬉○	キ	たの(しむ) うれ(しい) あそ(ぶ)
嬰☆	エイ	めぐ(る) ふ(れる) あかご
嬬	ジュ	つま よわ(い)
子		
孟○	モウ ボウ マン	はじ(め)
宀		
宏○	コウ	ひろ(い) おお(きい)
宋☆	ソウ	
宍	ジク ニク	しし
宛☆	エン	あたか(も) さなが(ら) あて あ(てる) ずつ
宕☆	トウ	ほしいまま ほらあな
宥○	ユウ	ゆる(す) なだ(める)
寅○	イン	つつし(む) とら
寓☆	グ グウ	よ(せる) やど(る) かりずまい かこつ(ける)
寵☆	チョウ	めぐ(む) めぐ(み) いつく(しむ)
寸		
小		
尖☆	セン	とが(る) するど(い) さき
尢		
尤☆	ユウ	とが(める) もっと(も) すぐ(れる)
尸		
尻☆	コウ	しり
屍☆	シ	しかばね かばね
屑☆	セツ	いさぎよ(い) くず
屢☆	ル	しばしば
屮		
山		
岡☆	コウ	おか
岨	ソ	そば そばだ(つ)
岱	タイ	
峨☆	ガ	けわ(しい)
峻○	シュン	たか(い) けわ(しい) おお(きい) きび(しい)
峯	ホウ	みね やま
崖☆	ガイ	がけ かどだ(つ)
嵐○	ラン	もや あらし
嵩○	シュウ スウ	かさ かさ(む) たか(い)

標準字体	嵯○	嶋	嶺○	巖○	巛	工	己	巳○	巴○	巷☆
音読み	サ	トウ	リョウ レイ	ガン				シ	ハ	コウ
訓読み	けわ(しい)	しま	みね	けわ(しい) いわ いわお がけ				み	うずまき ともえ	ちまた

標準字体	巽○	巾	巾☆	匝	帖☆	幌☆	幡☆	干	幺	广	庄○
音読み	ソン		キン	ソウ	チョウ ジョウ	コウ	ハン マン ホン				ショウ ソウ
訓読み	たつみ ゆず(る)		ふきん かぶりもの きれ	めぐ(る)	かきもの た(れる) やす(める)	ほろ	はた のぼり ひるがえ(る)				いなか むらざと

標準字体	庇☆	庚☆	庖☆	庵☆	廓☆	廠	廟☆	廾	弄☆
音読み	ヒ	コウ	ホウ	アン	カク	ショウ	ビョウ		ロウ
訓読み	ひさし かば(う)	かのえ とし	くりや	いおり	ひろ(い) ひろ(げる) むな(しい) くるわ	かりや うまや しごとば	たまや みたまや おもてごてん やしろ		もてあそ(ぶ) いじく(る) いじ(る) いら(う) たわむ(れる) あなど(る)

標準字体	廴	廻☆	弋	弓	弘○	弗	弛☆	弥○	弼	彊
音読み		カイ エ			コウ グ	フツ ホツ	シ チ	ビ ミ	ヒツ	キョウ
訓読み		まわ(す) まわ(る) めぐ(る) めぐ(らす)			ひろ(い) ひろ(める)	ドル …ず	たる(む) ゆる(む) たゆ(む)	おさ(める) ひさ(しい) わた(る) あまね(し) いよいよ いや つくろ(う)	たす(ける) たす(け) すけ	つよ(い) つと(める) し(いる)

標準字体	彐 彑 ⺕	彡	彦○	彪○	彬○	彳	徽☆	心	小 忄	忽☆
音読み			ゲン	ヒュウ ヒョウ	ヒン		キ			コツ
訓読み			ひこ	あや まだら	あき(らか) そな(わる)		よ(い) しるし			ゆるが(せ) たちま(ち)

標準字体	怨☆	怯☆	怜○	恢☆	恰☆	恕○	悉☆	悌○	惟○	惚☆
音読み	エン オン	キョウ コウ	レイ	カイ	カツ コウ	ショ ジョ	シツ	テイ ダイ	イ ユイ	コツ
訓読み	うら(む) うら(み)	おび(える) お(じる) ひる(む)	さと(い)	おお(きい) ひろ(い)	あたか(も)	おもいや(る) ゆる(す)	つく(す) ことごと(く) つぶさ(に)	やわ(らぐ)	おも(う) これ ただ	ほ(れる) ほう(ける) ぼ(ける) とぼ(ける)

標準字体	惣○	惇○	悶☆	惹☆	愈☆	慧○	慾	憧○	憐☆	戈
音読み	ソウ	ジュン トン	モン	ジャク ジャ	ユ	ケイ エ	ヨク	ショウ ドウ	レン	
訓読み	すべ(て)	あつ(い) まこと	もだ(える)	ひ(く) まね(く)	いよいよ い(える) い(やす)	さと(い) かしこ(い)	ほっ(する)	あこが(れる)	あわ(れむ) あわ(れみ)	

標準字体	戊☆	戎	或☆	戚☆	戟☆	戴☆	戸	拝	托☆	扮☆
音読み	ボ ボウ	ジュウ	ワク	セキ	ケキ ゲキ	タイ			タク	ハン フン
訓読み	つちのえ	えびす いくさ おお(きい) おお(い) つわもの	あ(る) ある(いは)	みうち いた(む) うれ(える)	ほこ	いただ(く)			お(す) お(く) たの(む)	よそお(う) かざ(る)

標準字体	按☆	拳○	拶☆	拭☆	挨☆	挫☆	捉☆	挺☆	捌☆	挽☆
音読み	アン	ケン ゲン	サツ	ショク シキ	アイ	ザ	ソク	テイ チョウ	ハチ ハツ ベツ	バン
訓読み	おさ(える) かんが(える) しら(べる)	こぶし	せま(る)	ぬぐ(う) ふ(く)	お(す) ひら(く)	くじ(く) くじ(ける)	と(る) と(らえる) つか(まえる)	ぬ(く) ぬき(んでる)	さば(く) さば(ける) は(ける) は(かす)	ひ(く)

標準字体	捗☆	掩	掬☆	捲☆	捷○	捺○	捻☆	捧☆	掠☆	揃☆
音読み	チョク	エン	キク	ケン	ショウ	ダツ ナツ	デン ネン	ホウ	リャク リョウ	セン
訓読み	はかど(る)	おお(う) かば(う) たちま(ち)	すく(う) むす(ぶ)	ま(く) まく(る) めく(る) いさ(む)	か(つ) はや(い)	お(す)	ひね(る) ねじ(る) よじ(る)	ささ(げる) かか(える)	かす(める) かす(る) かす(れる) さら(う) むち(うつ)	そろ(う) そろ(える) そろ(い)

標準字体	音読み	訓読み
揖☆	ユウ シュウ	ゆず(る) へりくだ(る) あつ(まる)
搔☆	ソウ	か(く)
摑☆	カク	つか(む)
摺☆	ショウ ロウ	たた(む) ひだ す(る) くじ(く)
摸	モ バク ボ	さぐ(る) うつ(す)
撰☆	セン サン	えら(ぶ)
撒☆	サツ サン	ま(く)
撞☆	トウ ドウ シュ	つ(く)
撚☆	デン ネン	ひね(る) よ(る) よ(り)
播☆	ハ バン	ま(く) し(く) さすら(う)
撫☆	フ ブ	な(でる)
擢☆	タク テキ	ぬ(く) ぬき(んでる)
擾☆	ジョウ	な(らす) みだ(れる) わずら(わしい) さわ(ぐ)
攪☆	コウ カク	みだ(す) ま(ぜる)
支		
攵		
孜	シ	つと(める)
敦○	トン	あつ(い) とうと(ぶ)
文		
斑☆	ハン	まだら ふ ぶち
斐○	ヒ	あや
斌	ヒン	うるわ(しい)
斗		
斡☆	アツ カン	めぐ(る) つかさど(る)
斤		
斧☆	フ	おの
斬☆	サン ザン	き(る)
斯☆	シ	こ(の) これ か(く) か(かる)
方		
於○	オ	お(いて) お(ける)
旡		
日		
旦○	タン ダン	あした
旭○	キョク	あさひ
旺○	オウ	さか(ん)
昂○	コウ ゴウ	たかぶ(る) あ(がる) たか(い)
昏☆	コン	く(れ) くら(い) くら(む)
昌○	ショウ	さか(ん) うつく(しい) みだ(れる)
昧☆	バイ マイ	くら(い)
晃○	コウ	あき(らか) ひか(る)
晋○	シン	すす(む)
晒☆	サイ	さら(す)
晦☆	カイ	みそか つごもり くら(い) くら(ます)
智○	チ	ちえ さと(い)
暢○	チョウ	の(びる) とお(る) の(べる)
曙○	ショ	あけぼの
曝☆	バク ホク	さら(す) さら(ける) さらば(える)
曰		
曳☆	エイ	ひ(く)
沓☆	トウ	かさ(なる) むさぼ(る) くつ

標準字体	曽☆○	月	朋○	朔○	木	杏○	杖☆	杜○	杓☆	李○
音読み	ソ ゾ ソウ ゾウ		ホウ	サク		キョウ アン	ジョウ	ト ズ	シャク ヒョウ	リ
訓読み	かさ(なる) ま(す) かつ(て) すなわ(ち)		とも なかま	ついたち きた		あんず	つえ	と(じる) ふさ(ぐ) やまなし もり	ひしゃく しゃく(う)	すもも おさ(める)

標準字体	杢●	杭☆	杵☆	枕☆	枇☆	杷☆	柑☆	柴☆	柵☆	柿☆
音読み		コウ	ショ	シン チン	ヒ ビ	ハ	カン	サイ	サク	シ
訓読み	もく	わた(る) くい	きね	まくら	さじ くし	さらい	みかん こうじ	しば まつ(り) ふさ(ぐ)	やらい しがらみ とりで	かき

標準字体	柘☆	柊○	柁	柏☆	柚○	栂●	栃●☆	柾●○	桓☆	桔
音読み	シャ	シュウ	タ ダ	ハク ビャク	ユ ユウ				カン	キツ ケツ
訓読み	やまぐわ つげ	ひいらぎ	かじ	かしわ	ゆず	とが つが	とち	まさ まさき		

標準字体	桂○	桁☆	栴	桐○	栗○	栖☆	梧○	梗☆
音読み	ケイ	コウ	セン	ドウ トウ	リツ リ	サイ セイ	ゴ	コウ キョウ
訓読み	かつら	けた		きり こと	くり おのの(く) きび(しい)	す(む) すみか	あおぎり	ふさ(がる) おおむ(ね) でく かた(い) つよ(い)

標準字体	梱	梓○	梢○	梯☆	桶☆	梶☆	梨○	梁☆	椅☆	棲☆
音読み	コン	シ	ショウ	タイ テイ	トウ	ビ	リ	リョウ	イ	セイ
訓読み	こり こうり しきみ	あずさ はんぎ だいく	こずえ かじ	はしご	おけ	かじ こずえ	なし	はり うつばり はし やな	こしかけ	す(む) すみか

準一級

標準字体	音読み	訓読み
椎○	スイ ツイ	しい つち せぼね う(つ) おろ(か)
棉	メン	わた
椋○	リョウ	むく
椀☆	ワン	はち
椙●		すぎ
椛●		もみじ
楳	バイ	うめ
楢☆	シュウ ユウ	なら
楯☆	ジュン	たて

標準字体	音読み	訓読み
楚☆	ソ	いばら しもと むち すわえ
椿○	チン	つばき
楠○	ナン	くすのき
楓○	フウ	かえで
楊○	ヨウ	やなぎ
椴	タン ダン	とど とどまつ
榎☆	カ	えのき
榛○	シン	はしばみ はり くさむら
槍☆	ソウ	やり
槌☆	ツイ	つち う(つ)

標準字体	音読み	訓読み
槙○	シン テン	まき
樺○	カ	かば
榊●☆		さかき
槻○	キ	つき
樟	ショウ	くす くすのき
樗	チョ	おうち
樋☆	トウ	ひ とい
樫●☆		かし
橘○	キツ	たちばな
樵	ショウ ゾウ	きこり こ(る) きこ(る)

標準字体	音読み	訓読み
橡	ショウ	とち くぬぎ つるばみ
樽☆	ソン	たる
楕☆	ダ	こばんがた
檜☆	カイ	ひのき ひ
橿☆	キョウ	かし
檎	キン ゴ	
檀○	タン ダン	まゆみ
檮☆	トウ	きりかぶ おろ(か)
櫛☆	シツ	くし くしけず(る)
櫓☆	ロ	かい おおだて やぐら

標準字体	音読み	訓読み
麓☆	ロク	ふもと
欠		
欣○	キン ゴン	よろこ(ぶ)
欽○	キン	つつし(む) うやま(う)
歎☆	タン	たた(える) なげ(く)
止		
此☆	シ	こ(の) これ か(く) ここ
歪☆	ワイ	ゆが(む) いが(む) ひず(む) いびつ
歹		
殆☆	タイ	ほとん(ど) あや(うい) ほとほと

標準字体	殳	毅○	毋	比	昆☆	毛	氏	气	水	氵氺
音読み		キ			ヒ ビ					
訓読み		つよ(い) たけ(し)			たす(ける)					

標準字体	汀○	氾☆	汝☆	汐○	汎☆	汲☆	沙○	汰○	沌☆	沃☆
音読み	テイ	ハン	ジョ	セキ	ハン フウ ホウ	キュウ	サ シャ	タ タイ	トン	オク ヨク
訓読み	みぎわ なぎさ	ひろ(がる) あふ(れる)	なんじ	しお うしお	ひろ(い) あふ(れる) う(かぶ)	く(む) ひ(く)	みぎわ すな よな(げる)	よな(げる) にご(る) おご(る)	ふさ(がる)	そそ(ぐ) こ(える)

標準字体	沫☆	洩☆	洲○	洛☆	浩○	浬	涌☆	淫☆	淵☆
音読み	マツ	エイ セツ	シュウ	ラク	コウ	リ	ヨウ ユウ	イン	エン
訓読み	あわ しぶき よだれ	の(びる) も(れる)	す しま	みやこ つら(なる)	おお(きい) ひろ(い) おお(い) おご(る)	かいり ノット	わ(く)	ふけ(る) あふ(れる) ほしいまま みだら みだ(す) おお(きい) ながあめ	ふち ふか(い) おくぶか(い)

標準字体	淳○	渚○	淀☆	淘☆	淋☆	渥○	渠☆	湘☆	湊☆
音読み	ジュン	ショ	テン デン	トウ	リン	アク	キョ	ショウ	ソウ
訓読み	あつ(い) すなお	なぎさ みぎわ	よど よど(む)	よな(げる)	そそ(ぐ) したた(る) さび(しい) りんびょう	あつ(い) うるお(い) こ(い)	みぞ おお(きい) かしら かれ なん(ぞ)		みなと あつ(まる)

標準字体	湛☆	湧○	溢☆	溺	溜☆	漑☆	漕☆	漣☆
音読み	タン チン	ヨウ ユウ	イツ	デキ ニョウ ジョウ	リュウ	カイ ガイ	ソウ	レン
訓読み	たた(える) あつ(い) しず(む) ふか(い) ふけ(る)	わ(く)	あふ(れる) す(ぎる) おご(る) み(ちる) こぼ(れる)	おぼ(れる) ゆばり いばり	したた(る) た(まる) た(める) ため	そそ(ぐ) すす(ぐ)	はこ(ぶ) こ(ぐ)	さざなみ

標準字体	漉☆	潰☆	澗☆	潑☆	澱☆	濠☆	濡☆	濤☆	瀆☆	瀦☆
音読み	ロク	カイ	カン ケン	ハツ	テン デン	ゴウ	ジュ	トウ	トク	チョ
訓読み	こ(す) したた(らせる) す(く)	つい(える) つぶ(れる) みだ(れる) つぶ(し)	たに たにみず	そそ(ぐ) は(ねる)	おり よど(む) よど	ほり	うるお(う) ぬ(れる) とどこお(る) こら(える)	なみ	みぞ けが(す) あなど(る)	みずたま(り) た(まる)

標準字体	瀕☆	瀞☆	灌☆	灘☆	火	灬	灸☆	灼☆	烏☆
音読み	ヒン	ジョウ セイ	カン	ダン タン			キュウ	シャク	ウ オ
訓読み	みぎわ せま(る) そ(う)	とろ	そそ(ぐ)	はやせ なだ			やいと	や(く) あき(らか) あらたか やいと	からす くろ(い) いずく(んぞ) なん(ぞ)

標準字体	烹	焰☆	焚☆	煎☆	煤☆	煉☆	煽☆	熊◯	熔☆
音読み	ホウ	エン	フン	セン	バイ	レン	セン	ユウ	ヨウ
訓読み	に(る)	も(える) ほのお	や(く) た(く)	い(る) に(る) せん(じる) せま(る)	すす すす(ける)	ね(る)	あお(る) おだ(てる) おこ(る) あお(り)	くま	いがた と(かす) と(ける) い(る)

標準字体	燕☆	燐☆	燦◯	燭☆	爪	⺥ ⺤	爪	爪☆	父	爺☆
音読み	エン	リン	サン	ショク ソク				ソウ		ヤ
訓読み	つばめ さかもり くつろ(ぐ)		あき(らか) あざ(やか) きら(めく)	ともしび				つめ		じじ おやじ

標準字体	爻	爾◯	爿	片	牌☆	牒☆	牙	牙☆	牜	牝☆
音読み		ジ ニ			ハイ	チョウ ジョウ		ガ ゲ		ヒン
訓読み		なんじ そ(の)			ふだ	ふだ		きば は さいとり		め めす

狙☆	狗☆	狐☆	犾	犀☆	牽☆	牢☆	牡☆	牟☆	標準字体
ソ	ク コウ	コ		サイ セイ	ケン	ロウ	ボ ボウ	ボウ ム	音読み
さる ねら(う)	いぬ	きつね		かた(い) するど(い)	ひ(く) つら(なる)	いけにえ ごちそう ひとや かた(い) さび(しい)	お おす	な(く) むさぼ(る) かぶと	訓読み

王	玉	玄	獅☆	猷☆	猪○	狽☆	狼☆	狸☆	狛	標準字体
			シ	ユウ	チョ	バイ	ロウ	リ	ハク	音読み
			しし	はか(る) はかりごと みち	い いのしし		おおかみ みだ(れる)	たぬき ねこ	こま こまいぬ	訓読み

琵☆	瑛○	琢○	琉○	珪☆	玲○	珊☆	珂☆	玩☆	玖○	標準字体
ビ	エイ	タク	リュウ ル	ケイ	レイ	サン	カ	ガン	キュウ ク	音読み
		みが(く)		たま				もてあそ(ぶ) あじ(わう)		訓読み

瓢☆	瓜☆	瓜瓜	璃○	瑠○	瑳○	瑞○	瑚○	琳○	琶☆	標準字体
ヒョウ	カ		リ	ル	サ	ズイ	コ ゴ	リン	ハ	音読み
ふくべ ひさご	うり				みが(く)	しるし めでた(い) みず				訓読み

田	甫○	用	甥☆	生	甜	甘	甑☆	瓦☆	瓦	標準字体
	ホ フ		ショウ セイ		テン		ソウ	ガ		音読み
	はじ(め) おお(きい)		おい		あま(い) うま(い)		こしき	かわらけ かわら グラム		訓読み

準一級

標準字体	音読み	訓読み
畏☆	イ	おそ(れる) かしこ(い) かしこ(まる)
畠●☆		はた はたけ
畦☆	ケイ	うね あぜ
畢☆	ヒツ	お(わる) ことごと(く)
畷	テツ	なわて
畿☆	キ	みやこ
疋		
疋☆	ショ ソ ヒツ	あし ひき
疏☆	ショ ソ	とお(す) とお(る) うと(い) うと(む) おろそ(か) あら(い) まば(ら) ふみ
疒		
疹☆	シン	はしか
痕☆	コン	あと
痔☆	ジ	しもがさ
痩☆	シュウ ソウ	や(せる) こ(ける) ほそ(い)
癌☆	ガン	
癶		
白		
皐○	コウ	さわ さつき
皮		
皿		
盃	ハイ	さかずき
盈	エイ	み(ちる) あま(る)
目		
眉○	ビ ミ	まゆ ふち としよ(り)
睦○	ボク モク	むつ(ぶ) むつ(む) むつ(まじい)
瞳○	トウ ドウ	ひとみ くら(い)
瞥☆	ベツ	み(る)
瞭○	リョウ	あき(らか)
矛		
矢		
矧	シン	は(ぐ)
矩○	ク	さしがね のり
石		
砦☆	サイ	とりで
砥☆	シ	と といし と(ぐ) みが(く)
砧	チン	きぬた
硯☆	ケン ゲン	すずり
硲●		はざま
碍	ガイ ゲ	さまた(げる) ささ(える)
碓☆	タイ	うす
碇☆	テイ	いかり
碗☆	ワン	こばち
碧○	ヘキ	みどり あお
碩○	セキ	おお(きい)
磐☆	ハン バン	いわ わだかま(る)
磯○	キ	いそ
礪	レイ	あらと と(ぐ) みが(く)
礦	コウ	あらがね
示		

標準字体	音読み	訓読み
ネ示		
祁☆	キ	おお(いに) おお(きい) さか(んに)
祇☆	ギ	くにつかみ
祐○	ユウ	たす(け) たす(ける)
禄○	ロク	さいわ(い) ふち
禎○	テイ	さいわ(い)
禦	ギョ	ふせ(ぐ) つよ(い)
禱☆	トウ	いの(る) まつ(る)
禰☆	デイ ネ	みたまや かたしろ
禸		

標準字体	音読み	訓読み
禽☆	キン	とり とら(える) いけど(り)
禾		
禾	カ	いね のぎ
禿☆	トク	はげ は(げる) ち(びる) かむろ
秤☆	ショウ ビン	はかり
秦○	シン	はた
稀○	キ ケ	まれ まば(ら) うす(い)
稔○	ジン ニン ネン	みの(る) とし つ(む)
稗☆	ハイ	ひえ こま(かい)
稜○	リョウ ロウ	かど いきお(い)

標準字体	音読み	訓読み
稽☆	ケイ	とど(める) とどこお(る) かんが(える)
穎☆	エイ	ほさき すぐ(れる)
穆	ボク モク	やわ(らぐ)
穣○	ジョウ	ゆた(か) みの(る)
穐	シュウ	あき とき
穴		
穿☆	セン	うが(つ) は(く) つらぬ(く) ほじ(る) ほじく(る)
窄☆	サク	せま(い) せば(まる) すぼ(む) つぼ(む)
窟☆	クツ	いわや ほらあな

標準字体	音読み	訓読み
窪☆	ワ ア	くぼ くぼ(む)
窺☆	キ	うかが(う) のぞ(く)
竈☆	ソウ	かまど へっつい
立		
竪☆	ジュ	た(つ) たて こども こもの
竣○	シュン	お(わる)
靖○	セイ	やす(い) やす(んじる)
罒		
罫	ケイ	
罵☆	バ	ののし(る)

標準字体	音読み	訓読み
竹		
竺☆	トク ジク	あつ(い)
竿☆	カン	さお ふだ
笈☆	キュウ	おい
笥☆	シ ス	け はこ
笠☆	リュウ	かさ
笹●○		ささ
筈☆	カツ	やはず はず
筑☆	チク ツク	
筏☆	ハツ バツ	いかだ

標準字体	音読み	訓読み
箕☆	キ	み ちりとり
箔☆	ハク	すだれ のべがね
箭☆	セン	や
箸☆	チョ	はし
篇☆	ヘン	ふだ ふみ まき
篦	ヘイ	へら すきぐし かんざし の
篠☆	ショウ	しの
簞☆	タン	わりご はこ ひさご
簸	ハ	ひ(る) あお(る)
簾☆	レン	す すだれ

標準字体	音読み	訓読み
籠☆	ル ロウ	かご こ(もる) こ(める)
米		
粁●		キロメートル
粂●☆		くめ
籾●☆		もみ
粍●		ミリメートル
粕☆	ハク	かす
粥☆	シュク イク	かゆ ひさ(ぐ)
粟☆	ショク ソク ゾク	もみ あわ ふち
糊☆	コ	のり くちす(ぎ)

標準字体	音読み	訓読み
糎●		センチメートル
糠☆	コウ	ぬか
糟	ソウ	かす
糞☆	フン	くそ けが(れ) はら(う) つちか(う)
糸		
紘○	コウ	おおづな ひろ(い)
紗○	サ シャ	うすぎぬ
紐☆	ジュウ チュウ	ひも
絃○	ゲン	いと つる
紬○	チュウ	つむぎ つむ(ぐ)

標準字体	音読み	訓読み
絢○	ケン	あや
綬☆	ジュ	ひも くみひも
綜○	ソウ	す(べる) おさ まじ(える)
綻☆	タン	ほころ(ぶ) ほころ(びる)
綴☆	テイ テツ	つづ(る) と(じる) あつ(める)
緋○	ヒ	あか
綾○	リョウ リン	あや
緬	ベン メン	はる(か) とお(い)
縞☆	コウ	しろぎぬ しま
繫☆	ケイ	つな(ぐ) つな(がる) か(かる) とら(える) きずな

標準字体	音読み	訓読み
繡☆	シュウ	ぬいとり にしき うつく(しい)
纂☆	サン	あつ(める) くみひも つ(ぐ)
纏☆	テン	まと(う) まつ(わる) まと(める) まつ(る) まとい
缶		
羊		
羨☆	セン ゼン エン	うらや(む) あき(る) はかみち
羽		
翠○	スイ	かわせみ みどり
翫☆	ガン	もてあそ(ぶ) あじ(わう) あなど(る) むさぼ(る)

標準字体	翰☆	耀○	耂老	而	而☆	耒	耳	耽☆	聡○
音読み	カン	ヨウ			ジ			タン	ソウ
訓読み	ふで ふみ てがみ と(ぶ) みき	かがや(く)			しか(して) しか(れども) しか(も) しか(るに) なんじ			ふけ(る) おくぶか(い)	さと(い)

標準字体	聯	聾☆	聿	肇○	月肉	肋☆	肘☆	股☆	肴☆	肱
音読み	レン	ロウ		チョウ		ロク	チュウ	コ	コウ	コウ
訓読み	つら(なる) つら(ねる)			はじ(める) はじ(め)		あばら	ひじ	もも また	さかな	ひじ

標準字体	胤○	胡○	脇☆	脆☆	脊☆	腔☆	腎☆	腫☆	腺●☆
音読み	イン	コ ゴ ウ	キョウ	セイ ゼイ	セキ	クウ コウ	シン ジン	シュウ シュ	セン
訓読み	たね	あごひげ えびす なん(ぞ) でたらめ ながい(き) みだ(り) いずく(んぞ)	わき かたわ(ら)	もろ(い) よわ(い) やわ(らかい) かる(い)	せ せい	から からだ	かなめ	は(れる) はれもの	すじ

標準字体	膏☆	腿☆	膝☆	膳☆	臆☆	膿☆	臣	臥☆	自	至
音読み	コウ	タイ	シツ	セン ゼン	オク	ドウ ノウ		ガ		
訓読み	あぶら こ(える) うるお(す) めぐ(む)	もも	ひざ	そな(える) かしわ	おしはか(る) おく(する)	うみ う(む)		ふ(す) ふしど		

標準字体	臼	臼☆	舌	舘	舛	舛	舜○	舟	舵☆	舷☆
音読み		キュウ		カン		セン	シュン		タ ダ	ゲン
訓読み		うす		やかた たて たち		そむ(く) あやま(る) いりま(じる)	むくげ		かじ	ふなばた ふなべり

準一級

標準字体	艮	艮	色	艶○	艹艹	苅	芥☆	芹○	芯☆	芭☆
音読み		コン ゴン		エン		ガイ	カイ ケ	キン	シン	ハ パ
訓読み		うしとら		なまめ(かしい) あで(やか) つや うらや(む)		か(る)	からし あくた ちい(さい)	せり	とうしんぐさ	

標準字体	芙○	苑○	苛☆	茄○	苫☆	苒	苔☆	苧○	茅○
音読み	フ	エン オン ウツ	カ	カ	セン	ゼン	タイ	チョ	ボウ
訓読み	はす	その ふさ(がる)	きび(しい) むご(い) さいな(む) いじ(める) わずら(わしい) いら(だつ) から(い)	はす なす なすび	とま むしろ		こけ	からむし お	かや ち ちがや

標準字体	苓	荊☆	茨☆	茸☆	荏	茜○	莞○	荻☆	莫☆
音読み	レイ リョウ	ケイ	シ	ジョウ	ジン ニン	セン	カン	テキ	ボ バク マク モ
訓読み	みみなぐさ	いばら むち	いばら くさぶき	しげ(る) ふくろづの たけ きのこ	え やわ(らか)	あかね	い むしろ	おぎ	く(れ) な(い) なかれ さび(しい)

標準字体	萎☆	菅☆	菰☆	菖○	菟	菩☆	萌○	莱☆
音読み	イ	カン	コ	ショウ	ト	ホ ボ	ボウ ホウ	ライ
訓読み	な(える) しぼ(む) しお(れる) しな(びる) つか(れる)	すげ すが	こも まこも	しょうぶ	うさぎ		めば(え) めぐ(む) きざ(す) も(える) も(やし) たみ	あかざ あれち

標準字体	菱☆	萄☆	葦☆	葛☆	葵○	萱☆	韮☆	萩○	葺☆	葱☆
音読み	リョウ	トウ ドウ	イ	カツ	キ	カン ケン	キュウ	シュウ	シュウ	ソウ
訓読み	ひし		あし よし	くず かずら かたびら つづら	あおい	かや わすれぐさ	にら	はぎ	ふ(く) つくろ(う)	ねぎ き あお(い)

準一級

標準字体	音読み	訓読み
董	トウ	ただ(す) とりし(まる)
葡☆	ホ ブ	
葎	リツ	むぐら
蓋☆	ガイ コウ	おお(う) おお(い) けだ(し) ふた かさ
蓑☆	サ サイ	みの
蒜	サン	ひる にんにく
蒔○	シ ジ	う(える) ま(く)
蒐☆	シュウ	あつ(める) か(り)
蒼○	ソウ	あお あお(い) しげ(る) ふる(びる) あわただ(しい)
蒲☆	ホ ブ フ	がま かわやなぎ むしろ
蒙☆	ボウ モウ	おお(う) こうむ(る) くら(い) おさ(ない)
蓉○	ヨウ	
蓮○	レン	はす はちす
蔭☆	イン	かげ おかげ おお(う) しげ(る)
蔚	ウツ イ	
蔣☆	ショウ	まこも
蔦○	チョウ	つた
蔑☆	ベツ	さげす(む) ないがし(ろ) なみ(する) ちい(さい) くら(い)
蔓☆	バン マン	つる はびこ(る) から(む)
蓬☆	ホウ	よもぎ
蔀	ホウ ブ	しとみ おお(い)
蕎☆	キョウ	
蕨☆	ケツ	わらび
蕉○	ショウ	
蕊	ズイ	しべ
蕃☆	バン ハン	しげ(る) ふ(える) まがき えびす
蕩☆	トウ	うご(く) とろ(ける) の(びやか) ほしいまま はら(う) みだ(す) あら(う)
蕪☆	ブ ム	あ(れる) しげ(る) みだ(れる) かぶら
蔽☆	ヘイ	おお(う) おお(い) さだ(める) くら(い)
薙☆	テイ チ	な(ぐ) か(る) そ(る)
蕗○	ロ	ふき
薗○	エン オン	その
薩☆	サツ	
薯☆	ショ ジョ	いも
藁☆	コウ	わら
藪☆	ソウ	さわ やぶ
藤○	トウ	ふじ
藍○	ラン	あい
藷☆	ショ	いも さとうきび
蘇☆	ソ ス	ふさ よみがえ(る)
蘭○	ラン	ふじばかま あららぎ
虍		
虎○	コ	とら
虫		
虹○	コウ	にじ はし
虻☆	ボウ モウ	あぶ
蚤☆	ソウ	のみ はや(い) つめ

標準字体	音読み	訓読み
蛋☆	タン	あま えびす たまご
蛙☆	ア ワ	かえる みだ(ら)
蛤☆	コウ	はまぐり
蛭☆	シツ テツ	ひる
蛛☆	チュ シュ	くも
蜎☆	ケン	うつく(しい)
蛾☆	ガ ギ	まゆげ あり
蛸☆	ショウ	たこ
蜂☆	ホウ	はち むら(がる)
蜘☆	チ	くも
蜜☆	ビツ ミツ	
蝦☆	カ ガ	えび がま
蝕☆	ショク	むしば(む)
蝶◯	チョウ	
螺☆	ラ	つぶ にし にな ほらがい
蟬☆	セン ゼン	せみ うつく(しい) つづ(く)
蟹☆	カイ	かに
蟻☆	ギ	あり くろ くろ(い)
蠅☆	ヨウ	はえ
蠣☆	レイ	かき
蠟☆	ロウ	
血		
行		
衤		
衿◯	キン	えり
袈◯	ケ	
袖☆	シュウ	そで
袷☆	コウ	あわせ
袴☆	コ	はかま ももひき
裡☆	リ	うら うち
裟◯	サ	
裾☆	キョ	すそ
裳☆	ショウ	も もすそ
襖☆	オウ	わたいれ ふすま あお
襾		
見		
覗☆	シ	うかが(う) のぞ(く)
角		
言		
訊☆	シン ジン	たず(ねる) と(う) き(く) たよ(り)
訣☆	ケツ	わか(れる) おくぎ
詑☆	タ	あざむ(く)
註☆	チュウ	ときあか(す)
詣☆	ケイ	いた(る) もう(でる) まい(る)
詮☆	セン	あきらか そな(わる) しら(べる) えら(ぶ)
詫☆	タ	わ(びる) ほこ(る) わび
誼◯	ギ	よ(い) すじみち よしみ
諏☆	シュ ス	はか(る) と(う)
誰☆	スイ	だれ たれ た
誹☆	ヒ	そし(る)

準一級

標準字体	諒○	謂☆	諫☆	諺☆	諜☆	諦☆	謎☆	謬☆	讃☆	谷
音読み	リョウ	イ	カン	ゲン	チョウ	テイ タイ	ベイ メイ	ビュウ	サン	
訓読み	まこと おもいや(る) さと(る)	い(う) いわ(れ) いい	いさ(める)	ことわざ	うかが(う) さぐ(る) しめ(す) ふだ	つまび(らか) あきら(める) まこと	なぞ	あやま(る)	ほ(める) たた(える) たす(ける)	

標準字体	豆	豕	豸	豹☆	貌☆	貝	貰☆	貼☆	賂☆	賑☆
音読み				ヒョウ	ボウ		セイ	チョウ テン	ロ	シン
訓読み					かたち すがた		もら(う) か(りる) ゆる(す)	は(る) つ(ける)	まいな(う) まいな(い)	ほどこ(す) にぎ(わう) にぎ(やか)

標準字体	賤☆	賭☆	贋☆	赤	赫	走	趨☆	⻊足
音読み	セン ゼン	ト	ガン		カク		スウ ソク シュ	
訓読み	やす(い) いや(しい) あや(しい) いや(しめる) しず	か(ける) かけ	にせ		あか(い) さか(ん) かがや(く) あつ(い)		はし(る) おもむ(く) はや(い) うなが(す)	

標準字体	跨☆	蹄☆	蹟☆	蹴☆	身	軀☆	車	輔○	輿☆
音読み	コ	テイ	セキ シャク	シュウ シュク		ク		フ ホ	ヨ
訓読み	また(ぐ) また(がる) よ(る) また	ひづめ わな	あと	け(る) ふみつ(ける)		からだ むくろ		たす(ける) すけ	こし くるま の(せる) おお(い) めしつかい はじ(め)

標準字体	輯☆	轍☆	轟☆	轡	辛	辰	辰○	⻌⻍	辻•☆	迂☆
音読み	シュウ	テツ	ゴウ	ヒ			シン			ウ
訓読み	あつ(める) やわ(らぐ)	わだち あとかた のり	とどろ(く) おお(いに)	たづな くつわ			たつ ひ とき		つじ	まが(る) うと(い) とお(い)

準一級

標準字体	音読み	訓読み
迄☆	キツ	いた(る) およ(ぶ) まで
辿☆	テン	たど(る)
迦☆	カ	
迺	ダイ ナイ	なんじ すなわ(ち) の
這☆	シャ	こ(の) これ は(う)
逗☆	トウ ズ	とど(まる) くぎ(り)
逢☆	ホウ	あ(う) むか(える) おお(きい) ゆた(か)
遁☆	トン シュン ジュン	のが(れる) しりご(みする)
逼☆	ヒツ ヒョク	せま(る)
遥○	ヨウ	さまよ(う) はる(か) とお(い) なが(い)

標準字体	音読み	訓読み
遡☆	ソ	さかのぼ(る) む(かう)
遜☆	ソン	のが(れる) ゆず(る) へりくだ(る) おと(る)
遼○	リョウ	はる(か)
阝邑		
邑○	ユウ オウ	むら みやこ くに うれ(える)
那○	ナ ダ	なん(ぞ) いかん(ぞ) なに
郁○	イク	かぐわ(しい) さか(ん)
耶○	ヤ	か
鄭☆	ジョウ テイ	ねんご(ろ)
酉		

標準字体	音読み	訓読み
酉○	ユウ	とり ひよみのとり
酋☆	シュウ	おさ かしら
酎☆	チュウ	
醇○	シュン ジュン	もっぱ(ら) あつ(い)
醒☆	セイ	さ(める) さ(ます)
醍☆	ダイ テイ	
醐☆	コ ゴ	
醤☆	ショウ	ししびしお ひしお
醱☆	ハツ	かも(す)
釆		

標準字体	音読み	訓読み
采○	サイ	と(る) いろどり すがた うね
里		
金		
釘☆	チョウ テイ	くぎ
釜☆	フ	かま
釦	コウ	かざ(る) ボタン
釧☆	セン	うでわ くしろ
鈷	コ	
鉤☆	ク コウ	かぎ つりばり か(りる) おびどめ ま(がる)

標準字体	音読み	訓読み
鉦☆	セイ ショウ	かね
鉾☆	ボウ ム	ほこ きっさき
銚☆	チョウ ヨウ	なべ すき とくり
·鋪	ホ	し(く) みせ
鋤☆	ショ ジョ	すき す(く)
鋒☆	ホウ	ほこさき きっさき ほこ さきがけ
鋲●	ビョウ	
錦○	キン	にしき
鋸☆	キョ	のこぎり のこ
錐☆	スイ	きり するど(い)

標準字体	錆☆	錫☆	鍋☆	鍔	鍵☆	鍬☆	鍾☆	鍍	錨	鎧☆
音読み	ショウ セイ	シャク セキ シ	カ	ガク	ケン	ショウ シュウ	ショウ	ト	ビョウ	カイ ガイ
訓読み	さび さ(びる)	すず つえ たまもの	なべ	つば	かぎ	すき くわ	さかずき あつ(める) つりがね	めっき	いかり	よろい よろ(う)

標準字体	鎗	鎚☆	鎌○	鏑	鐙	鐸☆	鑓●☆	長	門	閃☆
音読み	ショウ ソウ	タイ ツイ	レン	テキ	トウ	タク				セン
訓読み	やり	つち かなづち	かま	やじり かぶら かぶらや	たかつき あぶみ	すず	やり			ひらめ(く)

標準字体	閏☆	閤☆	闇☆	阝阜	阜☆	阪☆	阿○	陀☆	隅☆
音読み	ジュン	コウ	アン		フ	ハン	ア	ダ タ	ワイ
訓読み	うるう	くぐりど へや たかどの	くら(い) やみ		おか ゆた(か)	さか	くま よ(る) おもね(る) ひさし お		くま すみ

標準字体	隙☆	隶	隹	隼○	雀☆	雁☆	雛○	⻗雨	雫●☆	霞○
音読み	ケキ ゲキ			シュン ジュン	ジャク	ガン	スウ ス		ダ	カ
訓読み	すき ひま			はやぶさ	すずめ	かり	ひな ひよこ		しずく	かすみ かす(む)

標準字体	靑青	非	面	革	靭☆	鞄☆	鞍☆	鞘☆	鞠○	鞭☆
音読み					ジン	ホウ	アン	ショウ	キク	ヘン ベン
訓読み					しな(やか)	かばん なめしがわ	くら	さや	まり やしな(う) とりしら(べる) かが(む)	むち むちう(つ)

標準字体	韃	韋	韓☆	韭	音	頁	頁☆	須○
音読み	タツ ダツ		カン				ケツ ヨウ	シュ ス
訓読み	むち むちう(つ)		から				かしら ページ	ま(つ) もち(いる) もと(める) しばら(く) すべか(らく) ……(べし)

標準字体	頃☆	頓☆	頗☆	頰☆	頸☆	顎☆	顚☆	風	飛
音読み	ケイ キョウ	トン トツ	ハ	キョウ	ケイ	ガク	テン		
訓読み	ころ しばら(く) かたあし	ぬか(ずく) とど(まる) つまず(く) とみ(に) くる(しむ) つか(れる) ひたぶる	かたよ(る) すこぶ(る)	ほお ほほ	くび	あご	いただき たお(れる) くつがえ(る)		

標準字体	食	飠𩙿	飴☆	餌☆	餐☆	餅☆	饗☆	首	香
音読み			イ	ジ	サン	ヘイ	キョウ		
訓読み			あめ	たべもの えさ え く(う) く(わせる)	く(う) の(む) たべもの	もち	あえ もてな(す) う(ける)		

標準字体	馨○	馬	馴☆	馳☆	駁☆	駈	駕☆	駒○	駿○
音読み	キョウ ケイ		シュン ジュン クン	ジ チ	バク ハク	ク	ガ	ク	シュン スン
訓読み	かお(り) かお(る)		な(れる) な(らす) すな(お) よ(い) おし(え)	は(せる)	まだら ぶち なじ(る) ま(じる)	か(ける) か(る)	の(る) のりもの あつか(う) しの(ぐ)	こま	すぐ(れる)

標準字体	驒☆	骨	骸☆	高	髟	髭☆	鬥	鬯	鬱☆	鬲
音読み	タン タ ダ		カイ ガイ			シ			ウツ	
訓読み			むくろ ほね			くちひげ ひげ			しげ(る) ふさ(ぐ) さか(ん) かお(り)	

準一級

標準字体	音読み	訓読み
鬼		
魁○	カイ	かしら さきがけ おお(きい) おか
魚		
魯☆	ロ	おろ(か)
鮎○	デン ネン	あゆ
鮒☆	フ	ふな
鮪	イ ユウ	まぐろ しび
鮭☆	ケイ カイ	さけ さかな
鮫☆	コウ	さめ
鯉○	リ	こい てがみ

標準字体	音読み	訓読み
鯖☆	ショウ セイ	さば よせなべ
鯛○	チョウ トウ	たい
鰍	シュウ	どじょう いなだ かじか
鰐☆	ガク	わに
鰭	キ	ひれ はた
鰯●☆		いわし
鰹☆	ケン	かつお
鰺☆	ソウ	あじ
鰻☆	バン マン	うなぎ
鱈●	セツ	たら

標準字体	音読み	訓読み
鱒☆	ソン ゾン	ます
鱗☆	リン	うろこ
鳥		
鳩○	キュウ ク	はと あつ(める) あつ(まる) やす(んずる)
鳶☆	エン	とび とんび
鳳○	ブウ ホウ	おおとり
鴇	ホウ	のがん とき
鴛	エン	おしどり
鴨☆	オウ	かも
鴦	オウ	おしどり

標準字体	音読み	訓読み
鴫●		しぎ
鴻○	コウ	おおとり おお(きい)
鵠☆	コウ コク	くぐい しろ(い) まと ただ(しい) おお(きい)
鵜☆	テイ	う
鵡☆	ブ ム	
鵬○	ホウ	おおとり
鶯☆	オウ	うぐいす
鶴○	カク	つる しろ(い)
鷗☆	オウ	かもめ

標準字体	音読み	訓読み
鷲☆	シュウ ジュ	わし
鷹○	ヨウ オウ	たか
鷺☆	ロ	さぎ
鸚☆	オウ イン	
鹵		
鹸☆	ケン	しおけ あく
鹿		
鹿○	ロク	しか か
麒	キ	きりん
麟○	リン	きりん

標準字体	音読み	訓読み
麦麥		
麹☆	キク	こうじ さけ
麺☆	メン ベン	むぎこ
麻麻		
麿●○		まろ
黄黃		
黍		
黍	ショ	きび
黒黑		
黛○	タイ	まゆずみ かきまゆ まゆ

標準字体	音読み	訓読み
黹		
黽		
鼎		
鼎☆	テイ	かなえ まさ(に)
鼓		
鼠		
鼠☆	ソ ショ	ねずみ
鼻		
斉齊		
歯齒		

標準字体	音読み	訓読み
竜龍		
亀龜		
亀○	キ キュウ キン	かめ あかぎれ
龠		

常用漢字の
表内・表外音訓表

一、**漢字の字種**（第一段）

「常用漢字表」による。

二、**読み**

①**音読み**（第二段）**「常用漢字表」**に示された音読み。

②**訓読み**（第三段）**「常用漢字表」**に示された訓読み。

③**表　外**（第四段）**「常用漢字表」に示されたもの以外**の音・訓。

※ **表外**の訓読みについては、**字義**も含む。

※ **表外**の訓読みについて自動詞・他動詞がある場合、その一方を省略したものがある。

※ 表外の音・訓に▲を付けたものは、**一級用の音・訓**とする。

漢字	音読み	訓読み	表外
亜	ア		つ(ぐ)
哀	アイ	あわ(れ) あわ(れむ)	かな(しい) かな(しむ)
愛	アイ		いと(しい) かな(しい) お(しむ) め(でる) まな ▲う(い)
悪	アク オ	わる(い)	にく(む) あ(し) いずく(んぞ)
握	アク	にぎ(る)	
圧	アツ		オウ お(さえる) お(す) ▲へ(す)
扱		あつか(う)	キュウ ソウ こ(く) しご(く)
安	アン	やす(い)	やす(んじる) いずく(んぞ)
案	アン		つくえ かんが(える)
暗	アン	くら(い)	やみ そら(んじる)
以	イ		もち(いる) もっ(て)
衣	イ	ころも	エ きぬ き(る)
位	イ	くらい	
囲	イ	かこ(む) かこ(う)	
医	イ		▲い(やす) くすし
依	イ エ		よ(る)
委	イ		ゆだ(ねる) まか(せる) くわ(しい) お(く) す(てる)
威	イ		おど(す)
胃	イ		
為	イ		ため な(す) な(る) す(る) つく(る)
尉	イ		じょう
異	イ	こと	あや(しい)
移	イ	うつ(る) うつ(す)	
偉	イ	えら(い)	すぐ(れる)
意	イ		こころ おも(う)
違	イ	ちが(う) ちが(える)	たが(う) たが(える) ▲さ(る) ▲よこしま ▲か(い)
維	イ		これ つな(ぐ)
慰	イ	なぐさ(める) なぐさ(む)	
遺	イ ユイ		のこ(す) のこ(る) わす(れる) す(てる)
緯	イ		よこいと ぬき
域	イキ		さかい ところ
育	イク	そだ(つ) そだ(てる)	はぐく(む)
一	イチ イツ	ひと ひと(つ)	はじ(め)
壱	イチ		イツ ひと(つ)
逸	イツ		イチ はし(る) うしな(う) そ(れる) そ(らす) ▲はぐ(れる) はや(る) すぐ(れる)
芋		いも	ウ
引	イン	ひ(く) ひ(ける)	
印	イン	しるし	しる(す)
因	イン	よ(る)	ちな(む) ちなみ ▲よすが
姻	イン		とつ(ぐ)
員	イン		かず
院	イン		かき かこい
陰	イン	かげ かげ(る)	オン アン くら(い) ひそ(か)
飲	イン	の(む)	オン
隠	イン	かく(す) かく(れる)	オン
韻	イン		ひびき おもむき
右	ウ ユウ	みぎ	たす(ける)
宇	ウ		のき いえ
羽	ウ	は はね	
雨	ウ	あめ あま	
運	ウン	はこ(ぶ)	めぐ(る) ▲さだめ
雲	ウン	くも	そら
永	エイ	なが(い)	ヨウ とこしえ
泳	エイ	およ(ぐ)	
英	エイ		はなぶさ はな ひい(でる)

常用

漢字	音読み	訓読み	表外
映	エイ	うつ(る) うつ(す) は(える)	▲は(やす)
栄	エイ	さか(える) は(え) は(える)	▲は(やす)
営	エイ	いとな(む)	
詠	エイ	よ(む)	うた(う) なが(める)
影	エイ	かげ	ヨウ すがた まぼろし
鋭	エイ	するど(い)	はや(い)
衛	エイ		エ まも(る)
易	エキ イ	やさ(しい)	か(える) か(わる) やす(い) あなど(る)
疫	エキ ヤク		
益	エキ ヤク		ま(す) ますます
液	エキ		しる わき
駅	エキ		うまや
悦	エツ		よろこ(ぶ)
越	エツ	こ(す) こ(える)	オチ オツ こし
謁	エツ		まみ(える)
閲	エツ		けみ(する) へ(る)
円	エン	まる(い)	まど(か) つぶら(か) ▲まろ(やか)
延	エン	の(びる) の(べる) の(ばす)	ひ(く) の(べ) ▲は(え)
沿	エン	そ(う)	ふち
炎	エン	ほのお	も(える)
宴	エン		うたげ たの(しむ)
援	エン		ひ(く) たす(ける)
園	エン	その	オン にわ
煙	エン	けむ(る) けむり けむ(い)	けぶ(る) ▲けむ
猿	エン	さる	ましら
遠	エン オン	とお(い)	おち
鉛	エン	なまり	おしろい
塩	エン	しお	アン
縁	エン	ふち	へり よ(る) えにし ゆかり ▲よすが
演	エン		の(べる) おこな(う)
汚	オ	けが(す) けが(れる) けが(らわしい) よご(す) よご(れる) きたな(い)	
王	オウ		きみ
凹	オウ		へこ(む) へこ(ます) くぼ(む)
央	オウ		なか(ば)
応	オウ		こた(える) まさ(に)…(べし)
往	オウ		ゆ(く) いにしえ
押	オウ	お(す) お(さえる)	
欧	オウ		は(く)
殴	オウ	なぐ(る)	う(つ) たた(く)
桜	オウ	さくら	
翁	オウ		おきな
奥	オウ	おく	くま
横	オウ	よこ	コウ よこ(たわる) あふ(れる)
屋	オク	や	いえ やね
億	オク		おしはか(る)
憶	オク		おも(う) おぼ(える)
虞		おそれ	グ
乙	オツ		イツ おと きのと
卸		おろ(す) おろし	シャ
音	オン イン	おと ね	たよ(り)
恩	オン		めぐ(み)
温	オン	あたた(か) あたた(かい) あたた(まる) あたた(める)	ウン ぬく(い) ぬる(い) ぬく(める) ぬく(まる) たず(ねる) つつ(む)
穏	オン	おだ(やか)	やす(らか)
下	カ ゲ	した しも もと さ(げる) さ(がる) くだ(る) くだ(す) くだ(さる) お(ろす) お(りる)	
化	カ ケ	ば(ける) ば(かす)	か(わる) か(える)
火	カ	ひ ほ	▲コ

漢字	音読み	訓読み	表外
加	カ	くわ(える)、くわ(わる)	
可	カ		コク、よ(い)、べ(し)
仮	カ、ケ	かり	か(す)
何	カ	なに、なん	いず(く)、いず(れ)
花	カ	はな	ケ
佳	カ		よ(い)
価	カ	あたい	
果	カ	は(たす)、は(てる)、は(て)	くだもの、おお(せる)、▲はか
河	カ	かわ	
科	カ		とが、しな、しぐさ
架	カ	か(ける)、か(かる)	たな
夏	カ、ゲ	なつ	
家	カ、ケ	いえ、や	うち
荷	カ	に	はす、にな(う)
華	カ、ケ	はな	ゲ、しろ(い)
菓	カ		くだもの
貨	カ		たから
渦	カ	うず	
過	カ	す(ぎる)、す(ごす)、あやま(つ)、あやま(ち)	とが、よぎ(る)
嫁	カ	よめ、とつ(ぐ)	
暇	カ	ひま	いとま
禍	カ		わざわ(い)、▲まが
靴	カ	くつ	
寡	カ		すく(ない)、やもめ
歌	カ	うた、うた(う)	
箇	カ		コ
稼	カ	かせ(ぐ)	みの(り)、う(える)
課	カ		はか(る)、こころ(みる)、わりあ(てる)
蚊		か	ブン
我	ガ	われ、わ	
画	ガ、カク		か(く)、えが(く)、かぎ(る)、はか(る)、え
芽	ガ	め	めぐ(む)
賀	ガ		よろこ(ぶ)
雅	ガ		みやび、みやび(やか)、つね
餓	ガ		う(える)
介	カイ		すけ、たす(ける)
回	カイ、エ	まわ(る)、まわ(す)	▲めぐ(らす)
灰	カイ	はい	
会	カイ、エ	あ(う)	あつ(まる)、あつ(める)
快	カイ	こころよ(い)	ケ
戒	カイ	いまし(める)	
改	カイ	あらた(める)、あらた(まる)	
怪	カイ	あや(しい)、あや(しむ)	ケ
拐	カイ		かた(る)、かどわか(す)
悔	カイ	く(いる)、く(やむ)、くや(しい)	ケ
海	カイ	うみ	
界	カイ		さかい
皆	カイ	みな	
械	カイ		かせ、からくり
絵	カイ、エ		
開	カイ	ひら(く)、ひら(ける)、あ(く)、あ(ける)	▲はだか(る)、▲はだ(ける)
階	カイ		はしご、きざはし、しな
解	カイ、ゲ	と(く)、と(かす)、と(ける)	さと(る)、わか(る)、ほど(く)、ほど(ける)、ほぐ(れる)、▲ほつ(れる)
塊	カイ	かたまり	つちくれ
壊	カイ	こわ(す)、こわ(れる)	エ、やぶ(る)、やぶ(れる)
懐	カイ	ふところ、なつ(かしい)、なつ(かしむ)、なつ(く)、なつ(ける)	いだ(く)、おも(う)
貝		かい	バイ

漢字	外	劾	害	涯	街	慨	該	概	垣	各	角	拡
音読み	ガイ ゲ	ガイ	ガイ	ガイ	ガイ カイ	ガイ	ガイ	ガイ		カク	カク	カク
訓読み	そと ほか はず(す) はず(れる)				まち				かき	おのおの	かど つの	
表外	ウイ と	あば(く) しら(べる)	カイ そこ(なう) わざわ(い)	みぎわ はて	ちまた	カイ なげ(く) いきどお(る)	カイ そな(わる) そ(の) か(ねる)	カイ おおむ(ね)	エン		すみ くら(べる)	ひろ(がる) ひろ(げる)

漢字	革	格	核	殻	郭	覚	較	隔	閣	確	獲
音読み	カク	カク コウ	カク	カク	カク	カク	カク	カク	カク	カク	カク
訓読み	かわ			から		おぼ(える) さ(ます) さ(める)		へだ(てる) へだ(たる)		たし(か) たし(かめる)	え(る)
表外	あらた(める) あらた(まる)	キャク ゴウ う(つ) ただ(す) いた(る)	きね		くるわ	さと(る) さと(り)	コウ くら(べる)	はな(れる)	たかどの たな	かた(い) しか(と) ▲しっか(り)	

漢字	嚇	穫	学	岳	楽	額	掛	潟	括	活	喝	渇
音読み	カク	カク	ガク	ガク	ガク ラク	ガク			カツ	カツ	カツ	カツ
訓読み			まな(ぶ)	たけ	たの(しい) たの(しむ)	ひたい	か(ける) か(かる) かかり	かた				かわ(く)
表外	いか(る) おど(す) おど(かす)	か(る) とりい(れる)			ギョウ ゴウ かな(でる) この(む)	ぬか(ずく)		セキ	くく(る) くび(る) くび(れる)	い(きる) い(ける) い(かす)	しか(る) おど(す)	むさぼ(る)

漢字	割	滑	褐	轄	且	株	刈	干	刊	甘	汗	缶
音読み	カツ	カツ	カツ	カツ				カン	カン	カン	カン	カン
訓読み	わ(る) わり わ(れる) さ(く)	すべ(る) なめ(らか)			か(つ)	かぶ	か(る)	ほ(す) ひ(る)		あま(い) あま(える) あま(やかす)	あせ	
表外	▲は(やす)	コツ ぬめ(る)	ぬのこ	くさび とりし(まる)	ショ まさ(に)…(す) しばら(く)	シュ	カイ ガイ	おか(す) もと(める) かか(わる) たて	けず(る) きざ(む)	うま(い)		フ ほとぎ かま

漢字	完	肝	官	冠	巻	看	陥	乾	勘	患	貫	寒
音読み	カン	カン	カン	カン	カン	カン	カン	カン	カン	カン	カン	カン
訓読み		きも		かんむり	ま(く) まき		おちい(る) おとしい(れる)	かわ(く) かわ(かす)		わずら(う)	つらぬ(く)	さむ(い)
表外	まっと(うする)		つかさ おおやけ	かむ(る)	ケン	み(る)		ケン ほ(す) ▲ひ いぬい	かんが(える)	▲ゲン うれ(える) うれ(い)	ワン ひ(く) ▲ぬき ▲ぬ(く)	いや(しい) まず(しい) さび(しい)

漢字	音読み	訓読み	表外
喚	カン		さけ(ぶ) わめ(く) よ(ぶ)
堪	カン	た(える)	タン こら(える) こた(える) ▲たま(る)
換	カン	か(える) か(わる)	
敢	カン		あ(えて)
棺	カン		ひつぎ
款	カン		まこと たた(く) しる(す) よろこ(ぶ)
間	カン ケン	あいだ ま	しず(か) ひそ(かに) うかが(う) はざま あい
閑	カン		しず(か) ▲なら(う) ▲ひま
勧	カン	すす(める)	ケン
寛	カン		くつろ(ぐ) ひろ(い) ゆる(やか)
幹	カン	みき	わざ ▲から
感	カン		
漢	カン		おとこ から
慣	カン	な(れる) な(らす)	ならわし
管	カン	くだ	ふえ つかさど(る)
関	カン	せき	かんぬき からくり かか(わる)
歓	カン		よろこ(ぶ)
監	カン		ケン かんがみ(る) み(る) しら(べる)
緩	カン	ゆる(い) ゆる(やか) ゆる(む) ゆる(める)	▲ぬる(い)
憾	カン		うら(む)
還	カン		ゲン かえ(す) かえ(る) ▲また
館	カン		やかた たて たち
環	カン		わ たまき めぐ(る)
簡	カン		ケン ふだ えら(ぶ) つづま(しい)
観	カン		み(る)
艦	カン		いくさぶね
鑑	カン		かがみ かんが(みる)
丸	ガン	まる まる(い) まる(める)	たま
含	ガン	ふく(む) ふく(める)	カン ゴン
岸	ガン	きし	かどだ(つ)
岩	ガン	いわ	
眼	ガン ゲン	まなこ	め
頑	ガン		かたくな
顔	ガン	かお	かんばせ
願	ガン	ねが(う)	
企	キ	くわだ(てる)	たくら(む)
危	キ	あぶ(ない) あや(うい) あや(ぶむ)	ただ(す) たか(い) ▲あや(める)
机	キ	つくえ	
気	キ ケ		いき
岐	キ		ギ わか(れる) ▲ちまた
希	キ		ケ まれ こいねが(う)
忌	キ	い(む) い(まわしい)	
汽	キ		ゆげ
奇	キ		く(し) めずら(しい) あや(しい)
祈	キ	いの(る)	
季	キ		すえ
紀	キ		おさ(める) のり しる(す)
軌	キ		わだち
既	キ	すで(に)	
記	キ	しる(す)	
起	キ	お(きる) お(こる) お(こす)	た(つ)
飢	キ	う(える)	
鬼	キ	おに	
帰	キ	かえ(る) かえ(す)	とつ(ぐ) おく(る)
基	キ	もと もとい	
寄	キ	よ(る) よ(せる)	
規	キ		のり ただ(す)
喜	キ	よろこ(ぶ)	
幾	キ	いく	きざ(し) こいねが(う) ほとん(ど)

漢字	音読み	訓読み	表外
揮	キ		ふる(う)
期	キ ゴ		とき ちぎ(る) き(める)
棋	キ		ゴ
貴	キ	たっと(い) とうと(い) たっと(ぶ) とうと(ぶ)	たか(い)
棄	キ		す(てる)
旗	キ	はた	
器	キ	うつわ	
輝	キ	かがや(く)	て(る)
機	キ	はた	からくり おり きざ(し) ▲はずみ
騎	キ		の(る)
技	ギ	わざ	
宜	ギ		よろ(しく)…(べし) よろ(しい) よ(い) ▲むべ

漢字	音読み	訓読み	表外
偽	ギ	いつわ(る) にせ	
欺	ギ	あざむ(く)	キ
義	ギ		よ(い)
疑	ギ	うたが(う)	うたぐ(る)
儀	ギ		よ(い) のり
擬	ギ		なぞら(える) ▲に(る) はか(る) まがい もどき
戯	ギ	たわむ(れる)	ゲ ざ(れる) たわ(ける)
犠	ギ		キ いけにえ
議	ギ		はか(る)
菊	キク		
吉	キチ キツ		よ(い)

漢字	音読み	訓読み	表外
喫	キツ		く(う) の(む) す(う)
詰	キツ	つ(める) つ(まる) つ(む)	なじ(る)
却	キャク		しりぞ(く) しりぞ(ける) かえ(って)
客	キャク カク		まろうど たび
脚	キャク キャ	あし	カク
逆	ギャク	さか さか(らう)	ゲキ むか(える) あらかじ(め)
虐	ギャク	しいた(げる)	むご(い)
九	キュウ ク	ここの ここの(つ)	あまた
久	キュウ ク	ひさ(しい)	
及	キュウ	およ(ぶ) およ(び) およ(ぼす)	
弓	キュウ	ゆみ	
丘	キュウ	おか	

漢字	音読み	訓読み	表外
旧	キュウ		もと ふる(い) ふ(る) ふる(びる)
休	キュウ	やす(む) やす(まる) やす(める)	さいわ(い) よ(い) いこ(う) や(める)
吸	キュウ	す(う)	
朽	キュウ	く(ちる)	すた(れる)
求	キュウ	もと(める)	グ
究	キュウ	きわ(める)	ク きわ(まる)
泣	キュウ	な(く)	
急	キュウ	いそ(ぐ)	せ(く)
級	キュウ		しな くび
糾	キュウ		ただ(す) あざな(う)
宮	キュウ グウ ク	みや	いえ
救	キュウ	すく(う)	グ ク たす(ける)

漢字	音読み	訓読み	表外
球	キュウ	たま	
給	キュウ		たま(う) たまわ(る)
窮	キュウ	きわ(める) きわ(まる)	
牛	ギュウ	うし	ゴ
去	キョ コ	さ(る)	▲ゆ(く) ▲のぞ(く)
巨	キョ		コ おお(きい) おお(い)
居	キョ	い(る)	コ お(る) お(く)
拒	キョ	こば(む)	ふせ(ぐ)
拠	キョ コ		よ(る) ▲よりどころ
挙	キョ	あ(げる) あ(がる)	こぞ(る) こぞ(って)
虚	キョ コ		むな(しい) うつ(ろ) うろ ▲うつ(ける)
許	キョ	ゆる(す)	コ ばか(り) もと

漢字	音読み	訓読み	表外
距	キョ		けづめ ふせ(ぐ) へだ(てる)
魚	ギョ	うお さかな	
御	ギョ ゴ	おん	おさ(める) お み
漁	ギョ リョウ		すなど(る) あさ(る) いさ(り)
凶	キョウ		わる(い) わざわ(い) おそ(れる)
共	キョウ	とも	
叫	キョウ	さけ(ぶ)	
狂	キョウ	くる(う) くる(おしい)	ふ(れる)
京	キョウ ケイ		キン みやこ
享	キョウ		う(ける) ▲あ(たる)
供	キョウ ク	そな(える) とも	
協	キョウ		かな(う)
況	キョウ		いわ(んや) ありさま
峡	キョウ		はざま
挟	キョウ	はさ(む) はさ(まる)	さしはさ(む)
狭	キョウ	せま(い) せば(める) せば(まる)	コウ さ
恐	キョウ	おそ(れる) おそ(ろしい)	こわ(い)
恭	キョウ	うやうや(しい)	つつし(む)
胸	キョウ	むね むな	こころ
脅	キョウ	おびや(かす) おど(す) おど(かす)	おび(える)
強	キョウ ゴウ	つよ(い) つよ(まる) つよ(める) し(いる)	つと(める) こわ(い) したた(か)
教	キョウ	おし(える) おそ(わる)	
郷	キョウ ゴウ		さと
境	キョウ ケイ	さかい	
橋	キョウ	はし	
矯	キョウ	た(める)	いつわ(る)
鏡	キョウ	かがみ	
競	キョウ ケイ	きそ(う) せ(る)	きお(う) くら(べる)
響	キョウ	ひび(く)	
驚	キョウ	おどろ(く) おどろ(かす)	
仰	ギョウ コウ	あお(ぐ) おお(せ)	▲あおの(く) ▲の(く)
暁	ギョウ	あかつき	さと(る)
業	ギョウ ゴウ	わざ	
凝	ギョウ	こ(る) こ(らす)	しこ(り) ▲こご(る)
曲	キョク	ま(がる) ま(げる)	かね くせ くま ▲まが
局	キョク		つぼね
極	キョク ゴク	きわ(める) きわ(まる) きわ(み)	き(まる) き(める)
玉	ギョク	たま	
斤	キン		おの
均	キン		ひと(しい) ととの(える) なら(す)
近	キン	ちか(い)	コン
金	キン コン	かね かな	こがね
菌	キン		きのこ ▲たけ かび
勤	キン ゴン	つと(める) つと(まる)	いそ(しむ)
琴	キン	こと	ゴン
筋	キン	すじ	
禁	キン		い(む) いさ(める) とど(める)
緊	キン		かた(い) し(める) ちぢ(む) きび(しい)
謹	キン	つつし(む)	
襟	キン	えり	むね
吟	ギン		うた(う) うめ(く)
銀	ギン		しろがね
区	ク		
句	ク		コウ あ(たる) ▲ま(がる)
苦	ク	くる(しい) くる(しむ) くる(しめる) にが(い) にが(る)	にがな ▲はなは(だ)
駆	ク	か(ける) か(る)	お(う)
具	グ		つぶさ(に) そな(える) そな(わる) そろ(い) ▲つま
愚	グ	おろ(か)	

漢字	音読み	訓読み	表外
空	クウ	そら あ(く) あ(ける) から	あな うろ うつ(ろ) むな(しい) す(く) ▲うつ(ける)
偶	グウ		たぐい たまたま ひとがた
遇	グウ		グ あ(う) たまたま もてな(す)
隅	グウ	すみ	
屈	クツ		かが(む) ▲くぐ(まる) ▲こご(まる)
掘	クツ	ほ(る)	
繰		く(る)	ソウ
君	クン	きみ	
訓	クン		キン よ(む) おし(える)
勲	クン		いさお いさおし
薫	クン	かお(る)	かおりぐさ た(く)
軍	グン		クン つわもの いくさ
郡	グン		クン こおり
群	グン	む(れる) む(れ) むら	
兄	ケイ キョウ	あに	え
刑	ケイ		ギョウ しおき
形	ケイ ギョウ	かた かたち	なり
系	ケイ		つな(ぐ) すじ
径	ケイ		さしわたし ただ(ちに) みち こみち
茎	ケイ	くき	▲なかご
係	ケイ	かか(る) かかり	つな(ぐ) かか(わる)
型	ケイ	かた	
契	ケイ	ちぎ(る)	キツ ケツ きざ(む) わりふ
計	ケイ	はか(る) はか(らう)	かぞ(える)
恵	ケイ エ	めぐ(む)	
啓	ケイ		ひら(く) もう(す)
掲	ケイ	かか(げる)	
渓	ケイ		たに
経	ケイ キョウ	へ(る)	キン たていと おさ(める) ▲た(つ)
蛍	ケイ	ほたる	
敬	ケイ	うやま(う)	キョウ つつし(む)
景	ケイ		エイ
軽	ケイ	かる(い) かろ(やか)	キン
傾	ケイ	かたむ(く) かたむ(ける)	かた(げる) かし(ぐ) くつがえ(る)
携	ケイ	たずさ(える) たずさ(わる)	はな(れる)
継	ケイ	つ(ぐ)	まま
慶	ケイ		キョウ よろこ(ぶ) よ(い)
憩	ケイ	いこ(い) いこ(う)	
警	ケイ		キョウ いまし(める)
鶏	ケイ	にわとり	とり
芸	ゲイ		う(える) わざ
迎	ゲイ	むか(える)	ギョウ ゴウ
鯨	ゲイ	くじら	ケイ
劇	ゲキ		はげ(しい)
撃	ゲキ	う(つ)	ケキ
激	ゲキ	はげ(しい)	はげ(ます)
欠	ケツ	か(ける) か(く)	ケン あくび
穴	ケツ	あな	
血	ケツ	ち	ケチ
決	ケツ	き(める) き(まる)	さ(ける)
結	ケツ	むす(ぶ) ゆ(う) ゆ(わえる)	ケチ ケイ ▲す(く)
傑	ケツ		すぐ(れる)
潔	ケツ	いさぎよ(い)	きよ(い)
月	ゲツ ガツ	つき	
犬	ケン	いぬ	
件	ケン		くだん くだり ことがら
見	ケン	み(る) み(える) み(せる)	ゲン まみ(える) あらわ(れる)
券	ケン		わりふ てがた
肩	ケン	かた	

漢字	音読み	訓読み	表外
建	ケン コン	た(てる) た(つ)	くつがえ(す)
研	ケン	と(ぐ)	ゲン みが(く)
県	ケン		あがた
倹	ケン		つづま(やか) ▲つま(しい)
兼	ケン	か(ねる)	あわ(せる)
剣	ケン	つるぎ	
軒	ケン	のき	くるま てすり たか(い) と(ぶ)
健	ケン	すこ(やか)	たけ(し) したた(か)
険	ケン	けわ(しい)	
圏	ケン		かこ(い)
堅	ケン	かた(い)	
検	ケン		しら(べる) ▲あらた(める)
嫌	ケン ゲン	きら(う) いや	うたが(う)
献	ケン コン		たてまつ(る) ▲まつ(る) ささ(げる)
絹	ケン	きぬ	
遣	ケン	つか(う) つか(わす)	や(る)
権	ケン ゴン		おもり はか(る) いきお(い) かり
憲	ケン		のり のっと(る)
賢	ケン	かしこ(い)	さか(しい) まさ(る)
謙	ケン		へりくだ(る) ▲うやうや(しくする)
繭	ケン	まゆ	
顕	ケン		あらわ(れる) あき(らか)
験	ケン ゲン		しるし あかし ため(す)
懸	ケン ケ	か(ける) か(かる)	へだ(たる)
元	ゲン ガン	もと	はじ(め)
幻	ゲン	まぼろし	まど(わす)
玄	ゲン		くろ くろ(い)
言	ゲン ゴン	い(う) こと	ことば
弦	ゲン	つる	
限	ゲン	かぎ(る)	▲きり
原	ゲン	はら	もと たず(ねる) ゆる(す)
現	ゲン	あらわ(れる) あらわ(す)	うつつ
減	ゲン	へ(る) へ(らす)	
源	ゲン	みなもと	
厳	ゲン ゴン	おごそ(か) きび(しい)	いかめ(しい) ▲いか(つい)
己	コ キ	おのれ	つちのと
戸	コ	と	へ
古	コ	ふる(い) ふる(す)	いにしえ ふる(びる)
呼	コ	よ(ぶ)	
固	コ	かた(める) かた(まる) かた(い)	もと(より)
孤	コ		みなしご ひと(り) そむ(く)
弧	コ		きゆみ
故	コ	ゆえ	ことさら(に) ふる(い) もと
枯	コ	か(れる) か(らす)	▲から(びる)
個	コ		カ
庫	コ ク		くら
湖	コ	みずうみ	
雇	コ	やと(う)	
誇	コ	ほこ(る)	
鼓	コ	つづみ	
顧	コ	かえり(みる)	
五	ゴ	いつ いつ(つ)	
互	ゴ	たが(い)	▲かたみ(に)
午	ゴ		ひる うま
呉	ゴ		くれ く(れる)
後	ゴ コウ	のち うし(ろ) あと おく(れる)	▲しり
娯	ゴ		たの(しむ)
悟	ゴ	さと(る)	
碁	ゴ		キ

漢字	音読み	訓読み	表外
語	ゴ	かた(る) かた(らう)	ギョ ことば つ(げる)
誤	ゴ	あやま(る)	まど(わす)
護	ゴ		まも(る) まも(り)
口	コウ ク	くち	
工	コウ ク		わざ たくみ たく(む)
公	コウ	おおやけ	ク きみ
孔	コウ		ク あな はなは(だ)
功	コウ ク		いさお
巧	コウ	たく(み)	たく(む) うま(い)
広	コウ	ひろ(い) ひろ(まる) ひろ(める) ひろ(がる) ひろ(げる)	
甲	コウ カン		かぶと よろい きのえ つめ

漢字	音読み	訓読み	表外
交	コウ	まじ(わる) まじ(える) ま(じる) ま(ざる) ま(ぜる) か(う) か(わす)	こもごも
光	コウ	ひか(る) ひかり	
向	コウ	む(く) む(ける) む(かう) む(こう)	キョウ さき(に)
后	コウ		ゴ のち きみ きさき
好	コウ	この(む) す(く)	よ(い) よしみ
江	コウ	え	
考	コウ	かんが(える)	
行	コウ ギョウ アン	い(く) ゆ(く) おこな(う)	みち し(ぬ) ▲や(る)
坑	コウ		あな
孝	コウ		キョウ
抗	コウ		あらが(う) ふせ(ぐ) はりあ(う) こば(む)

漢字	音読み	訓読み	表外
攻	コウ	せ(める)	おさ(める) みが(く)
更	コウ	さら ふ(ける) ふ(かす)	か(える) あらた(める)
効	コウ	き(く)	なら(う) いた(す) ▲かい
幸	コウ	さいわ(い) さち しあわ(せ)	みゆき
拘	コウ		とど(める) とら(える) かか(わる) こだわ(る)
肯	コウ		がえん(じる) うなず(く) うべな(う) あ(えて)
侯	コウ		まと きみ
厚	コウ	あつ(い)	
恒	コウ		つね つね(に)
洪	コウ		おおみず
皇	コウ オウ		きみ すめらぎ
紅	コウ ク	べに くれない	グ あか(い) ▲もみ

漢字	音読み	訓読み	表外
荒	コウ	あら(い) あ(れる) あ(らす)	すさ(む) すさ(ぶ)
郊	コウ		まつ(る)
香	コウ キョウ	か かお(り) かお(る)	かんば(しい)
候	コウ	そうろう	うかが(う) さぶら(う) ま(つ)
校	コウ		キョウ かせ かんが(える) くら(べる) あぜ
耕	コウ	たがや(す)	
航	コウ		わた(る)
貢	コウ ク	みつ(ぐ)	
降	コウ	お(りる) お(ろす) ふ(る)	ゴウ くだ(る) くだ(す)
高	コウ	たか(い) たか たか(まる) たか(める)	
康	コウ		やす(い)

漢字	音読み	訓読み	表外
控	コウ	ひか(える)	つ(げる) ▲のぞ(く)
黄	コウ オウ	き こ	
慌	コウ	あわ(てる) あわ(ただしい)	ぼ(ける)
港	コウ	みなと	
硬	コウ	かた(い)	
絞	コウ	しぼ(る) し(める) し(まる)	くび(る)
項	コウ		うなじ
溝	コウ	みぞ	▲どぶ
鉱	コウ		あらがね
構	コウ	かま(える) かま(う)	
綱	コウ	つな	
酵	コウ		もと こうじ

漢字	音読み	訓読み	表外
稿	コウ		わら、したがき
興	コウ、キョウ	おこ(る)、おこ(す)	
衡	コウ		はかり、はか(る)、▲くびき
鋼	コウ	はがね	
講	コウ		
購	コウ		あがな(う)
号	ゴウ		さけ(ぶ)、よびな
合	ゴウ、カッ、ガッ	あ(う)、あ(わす)、あ(わせる)	コウ
拷	ゴウ		コウ、う(つ)
剛	ゴウ		コウ、つよ(い)、かた(い)
豪	ゴウ		コウ、えら(い)、つよ(い)
克	コク		か(つ)、よ(く)
告	コク	つ(げる)	
谷	コク	たに	▲ロク、きわ(まる)、や
刻	コク	きざ(む)	とき
国	コク	くに	
黒	コク	くろ、くろ(い)	
穀	コク		
酷	コク		きび(しい)、はなは(だしい)、むご(い)
獄	ゴク		うった(える)、ひとや
骨	コツ	ほね	
込		こ(む)、こ(める)	
今	コン、キン	いま	
困	コン	こま(る)	くる(しむ)
昆	コン		あに
恨	コン	うら(む)、うら(めしい)	
根	コン	ね	
婚	コン		
混	コン	ま(じる)、ま(ざる)、ま(ぜる)	こ(む)
紺	コン		
魂	コン	たましい	たま
墾	コン		ひら(く)
懇	コン	ねんご(ろ)	
左	サ	ひだり	
佐	サ		すけ、たす(ける)
査	サ		しら(べる)
砂	サ、シャ	すな	いさご
唆	サ	そそのか(す)	
差	サ	さ(す)	シ、たが(う)、つか(わす)
詐	サ		いつわ(る)
鎖	サ	くさり	とざ(す)、▲さ(す)
座	ザ	すわ(る)	いま(す)
才	サイ		ざえ、▲かど
再	サイ、サ	ふたた(び)	
災	サイ	わざわ(い)	
妻	サイ	つま	セイ、めあ(わす)
砕	サイ	くだ(く)、くだ(ける)	
宰	サイ		つかさど(る)
栽	サイ		う(える)
彩	サイ	いろど(る)	あや
採	サイ	と(る)	
済	サイ	す(む)、す(ます)	セイ、わた(る)、わた(す)、すく(う)、な(す)
祭	サイ	まつ(る)、まつ(り)	
斎	サイ		ものいみ、つつし(む)、いつ(く)、とき
細	サイ	ほそ(い)、ほそ(る)、こま(か)、こま(かい)	ささ(やか)、くわ(しい)
菜	サイ	な	
最	サイ	もっと(も)	も
裁	サイ	た(つ)、さば(く)	
債	サイ		か(り)、か(し)

漢字	催	歳	載	際	在	材	剤	財	罪	崎	作	削
音読み	サイ	サイ セイ	サイ	サイ	ザイ	ザイ	ザイ	ザイ サイ	ザイ		サク サ	サク
訓読み	もよお(す)		の(せる) の(る)	きわ	あ(る)				つみ	さき	つく(る)	けず(る)
表外	▲もよ(い) うなが(す)	とし とせ よわい	しる(す) とし	まじ(わる) あい	いま(す) ▲ましま(す)	サイ まるた	セイ ま(ぜる)	たから		キ	な(す)	そ(ぐ) はつ(る)

漢字	昨	索	策	酢	搾	錯	咲	冊	札	刷	殺	察
音読み	サク	サク	サク	サク	サク	サク		サツ サク	サツ	サツ	サツ サイ セツ	サツ
訓読み				す	しぼ(る)		さ(く)		ふだ	す(る)	ころ(す)	
表外	きのう	つな なわ もと(める) さが(す)	むち つえ はかりごと ふだ	ソ す(い)		ソ ま(じる) あやま(る) お(く)	ショウ	ふみ た(てる)	さね わかじに	は(く)	そ(ぐ) そ(げる) けず(る)	し(る) み(る) あき(らか)

漢字	撮	擦	雑	皿	三	山	参	桟	蚕	惨	産	傘
音読み	サツ	サツ	ザツ ゾウ		サン	サン	サン	サン	サン	サン ザン	サン	サン
訓読み	と(る)	す(る) す(れる)		さら	み み(つ) みっ(つ)	やま	まい(る)		かいこ	みじ(め)	う(む) う(まれる) うぶ	かさ
表外	つま(む)	こす(る) なす(る) さす(る) かす(れる)	ま(じる) ま(ぜる)	▲ベイ		セン	シン まじ(わる)	かけはし たな	▲こ	いた(む) いた(ましい) むご(い)		

漢字	散	算	酸	賛	残	暫	士	子	支	止	氏
音読み	サン	サン	サン	サン	ザン	ザン	シ	シ ス	シ	シ	シ
訓読み	ち(る) ち(らす) ち(らかす) ち(らかる)		す(い)		のこ(る) のこ(す)			こ	ささ(える)	と(まる) と(める)	うじ
表外	ばら	かず かぞ(える)	す つら(い)	たす(ける) たた(える) ほ(める)	そこ(なう)	しばら(く) ▲しば(し)	さむらい	み おとこ ね	つか(える) か(う)	とど(まる) とど(める) や(む) や(める) ▲さ(す) ▲よ(す)	

漢字	仕	史	司	四	市	矢	旨	死	糸	至	伺	志
音読み	シ ジ	シ	シ	シ	シ	シ	シ	シ	シ	シ	シ	シ
訓読み	つか(える)			よ よ(つ) よっ(つ) よん	いち	や	むね	し(ぬ)	いと	いた(る)	うかが(う)	こころざ(す) こころざし
表外	つかまつ(る)	ふみ	ス つかさ つかさど(る)				うま(い)					しる(す)

常用

漢字	音読み	訓読み	表外
私	シ	わたくし	ひそ(か) わたし
使	シ	つか(う)	つか(わす)
刺	シ	さ(す) さ(さる)	セキ とげ そし(る) なふだ
始	シ	はじ(める) はじ(まる)	
姉	シ	あね	
枝	シ	えだ	
祉	シ		さいわ(い)
肢	シ		てあし
姿	シ	すがた	
思	シ	おも(う)	おぼ(しい) こころ
指	シ	ゆび さ(す)	
施	シ セ	ほどこ(す)	し(く)

漢字	音読み	訓読み	表外
師	シ		みやこ いくさ かしら
紙	シ	かみ	
脂	シ	あぶら	やに べに
視	シ		み(る)
紫	シ	むらさき	
詞	シ		ことば
歯	シ	は	よわい
嗣	シ		つ(ぐ)
試	シ	こころ(みる) ため(す)	
詩	シ		うた
資	シ		たから もと たち たす(ける)
飼	シ	か(う)	やしな(う)

漢字	音読み	訓読み	表外
誌	シ		しる(す)
雌	シ	め めす	めん
賜	シ	たまわ(る)	たま(う) たまもの
諮	シ	はか(る)	と(う)
示	ジ シ	しめ(す)	
字	ジ	あざ	はぐく(む) あざな
寺	ジ	てら	
次	ジ シ	つ(ぐ) つぎ	やど(る) つい(ず)
耳	ジ	みみ	のみ
自	ジ シ	みずか(ら)	おのずか(ら) よ(り)
似	ジ	に(る)	シ ▲ごと(し) ▲そぐ(う)
児	ジ ニ		こ

漢字	音読み	訓読み	表外
事	ジ ズ	こと	つか(える)
侍	ジ	さむらい	シ さぶら(う) はべ(る)
治	ジ チ	おさ(める) おさ(まる) なお(る) なお(す)	
持	ジ	も(つ)	チ
時	ジ	とき	
滋	ジ		シ しげ(る) ま(す)
慈	ジ	いつく(しむ)	
辞	ジ	や(める)	ことば ことわ(る)
磁	ジ		シ やきもの
璽	ジ		しるし
式	シキ		ショク のり のっと(る) きまり ▲ああ
識	シキ		シ ショク し(る) しる(す)

漢字	音読み	訓読み	表外
軸	ジク		チク しんぎ かなめ
七	シチ	なな なの なな(つ)	シツ
失	シツ	うしな(う)	う(せる)
室	シツ	むろ	いえ つま へや
疾	シツ		やまい や(む) ▲やま(しい) にく(む) はや(い) ▲と(し) ▲と(く)
執	シツ シュウ	と(る)	とら(える)
湿	シツ	しめ(る) しめ(す)	うるお(い) うるお(す)
漆	シツ	うるし	
質	シツ シチ チ		シ もと たち ただ(す)
実	ジツ	み みの(る)	み(ちる) まこと まめ ▲さね
芝		しば	シ

漢字	音読み	訓読み	表外
写	シャ	うつ(す) うつ(る)	
社	シャ	やしろ	ジャ
車	シャ	くるま	
舎	シャ		セキ いえ やど やど(る) お(く)
者	シャ	もの	
射	シャ	い(る)	セキ ▲ヤ う(つ) あ(てる) さ(す)
捨	シャ	す(てる)	ほどこ(す)
赦	シャ		ゆる(す)
斜	シャ	なな(め)	はす
煮	シャ	に(る) に(える) に(やす)	
遮	シャ	さえぎ(る)	

漢字	音読み	訓読み	表外
謝	シャ	あやま(る)	ことわ(る) さ(る)
邪	ジャ		シャ ヤ よこしま
蛇	ジャ ダ	へび	イ タ
勺	シャク		
尺	シャク		セキ さし ものさし わず(か)
借	シャク	か(りる)	シャ
酌	シャク	く(む)	
釈	シャク		セキ と(く) と(かす) ゆる(す) お(く)
爵	シャク		さかずき
若	ジャク ニャク	わか(い) も(しくは)	ニャ なんじ も(し) し(く) ごと(し)
弱	ジャク	よわ(い) よわ(る) よわ(まる) よわ(める)	ニャク

漢字	音読み	訓読み	表外
寂	ジャク セキ	さび さび(しい) さび(れる)	しず(か) さ(びる)
手	シュ	て た	ズ
主	シュ ス	ぬし おも	あるじ つかさど(る)
守	シュ ス	まも(る) もり	かみ
朱	シュ		ス あか ▲あけ
取	シュ	と(る)	
狩	シュ	か(る) か(り)	
首	シュ	くび	▲こうべ はじ(め) かしら もう(す)
殊	シュ	こと	
珠	シュ		たま
酒	シュ	さけ さか	
種	シュ	たね	ショウ う(える) くさ

漢字	音読み	訓読み	表外
趣	シュ	おもむき	ソク おもむ(く) うなが(す)
寿	ジュ	ことぶき	ス ことほ(ぐ) ひさ(しい) とし
受	ジュ	う(ける) う(かる)	ズ
授	ジュ	さず(ける) さず(かる)	
需	ジュ		もと(める)
儒	ジュ		
樹	ジュ		う(える) た(てる) き
収	シュウ	おさ(める) おさ(まる)	
囚	シュウ		とら(える) とら(われる)
州	シュウ	す	ス くに しま
舟	シュウ	ふね ふな	シュ
秀	シュウ	ひい(でる)	

漢字	音読み	訓読み	表外
周	シュウ	まわ(り)	ス めぐ(る) あまね(く)
宗	シュウ ソウ		むね
拾	シュウ ジュウ	ひろ(う)	とお
秋	シュウ	あき	とき
臭	シュウ	くさ(い)	キュウ にお(う)
修	シュウ シュ	おさ(める) おさ(まる)	かざ(る) なが(い)
終	シュウ	お(わる) お(える)	▲しま(う) つい(に)
習	シュウ	なら(う)	ジュウ
週	シュウ		めぐ(る)
就	シュウ ジュ	つ(く) つ(ける)	な(す) な(る)
衆	シュウ シュ		おお(い)
集	シュウ	あつ(まる) あつ(める) つど(う)	すだ(く) たか(る)

漢字	音読み	訓読み	表外
愁	シュウ	うれ(える) うれ(い)	
酬	シュウ		むく(いる)
醜	シュウ	みにく(い)	にく(む) たぐい ▲しこ
襲	シュウ	おそ(う)	かさ(ねる) ▲かさね つ(ぐ)
十	ジュウ ジッ	とお と	
汁	ジュウ	しる	シュウ つゆ
充	ジュウ	あ(てる)	シュウ み(つ) み(ちる) み(たす)
住	ジュウ	す(む) す(まう)	とど(まる)
柔	ジュウ ニュウ	やわ(らか) やわ(らかい)	やわ(らげる) やさ(しい)
重	ジュウ チョウ	え おも(い) かさ(ねる) かさ(なる)	おも(んじる)
従	ジュウ ショウ ジュ	したが(う) したが(える)	
渋	ジュウ	しぶ しぶ(い) しぶ(る)	シュウ

漢字	音読み	訓読み	表外
銃	ジュウ		つつ
獣	ジュウ	けもの	けだもの ▲しし
縦	ジュウ	たて	ショウ はな(つ) ゆる(す) ゆる(める) ほしいまま ▲よし(んば)
叔	シュク		わか(い)
祝	シュク シュウ	いわ(う)	の(る) のろ(う) た(つ)
宿	シュク	やど やど(る) やど(す)	スク
淑	シュク		よ(い) しと(やか)
粛	シュク		つつし(む)
縮	シュク	ちぢ(む) ちぢ(まる) ちぢ(める) ちぢ(れる) ちぢ(らす)	
塾	ジュク		

漢字	音読み	訓読み	表外
熟	ジュク	う(れる)	に(る) に(える) う(む) な(れる) つらつら ▲つくづく こな(す) こな(れる)
出	シュツ スイ	で(る) だ(す)	い(づ) いだ(す)
述	ジュツ	の(べる)	
術	ジュツ		シュツ すべ わざ みち
俊	シュン		すぐ(れる)
春	シュン	はる	
瞬	シュン	またた(く)	▲まばた(く) ▲まじろ(ぐ) しばた(く) ▲しばたた(く)
旬	ジュン		シュン
巡	ジュン	めぐ(る)	まわ(る)
盾	ジュン	たて	
准	ジュン		シュン なぞら(える) ゆる(す)

漢字	音読み	訓読み	表外
殉	ジュン		したが(う)
純	ジュン		きいと
循	ジュン		めぐ(る) したが(う)
順	ジュン		したが(う) すなお
準	ジュン		シュン なぞら(える) はなすじ みずもり
潤	ジュン	うるお(う) うるお(す) うる(む)	ほとび(る)
遵	ジュン		シュン したが(う)
処	ショ		ソ ところ お(る) お(く)
初	ショ	はじ(め) はじ(めて) はつ うい そ(める)	ソ うぶ
所	ショ	ところ	ソ
書	ショ	か(く)	ふみ

漢字	音読み	訓読み	表外
庶	ショ		おお(い) もろもろ こいねが(う)
暑	ショ	あつ(い)	
署	ショ		やくわり しる(す)
緒	ショ チョ	お	いとぐち
諸	ショ		もろ もろもろ
女	ジョ ニョ ニョウ	おんな め	むすめ めあ(わせる) なんじ
如	ジョ ニョ		し(く) ゆ(く) ごと(し) ▲も(し)
助	ジョ	たす(ける) たす(かる) すけ	
序	ジョ		はしがき つい(で) まなびや
叙	ジョ		の(べる)
徐	ジョ		おもむろ
除	ジョ ジ	のぞ(く)	はら(う) つ(きる) ▲の(ける) ▲よ(ける)

漢字	小	升	少	召	匠	床	抄	肖	尚	招	承	昇
音読み	ショウ	ショウ	ショウ	ショウ	ショウ	ショウ	ショウ	ショウ	ショウ	ショウ	ショウ	ショウ
訓読み	ちい(さい) こ お	ます	すく(ない) すこ(し)	め(す)		とこ ゆか				まね(く)	うけたまわ(る)	のぼ(る)
表外	さ	のぼ(る)	しばら(く) ▲まれ わか(い)		たくみ		かすめ(る) うつ(す) すく(う) ぬき(だす)	に(る) かたど(る) あやか(る)	くわ(える) とうと(ぶ) たっと(ぶ) なお		う(ける)	

漢字	松	沼	昭	宵	将	消	症	祥	称	笑	唱
音読み	ショウ	ショウ	ショウ	ショウ	ショウ	ショウ	ショウ	ショウ	ショウ	ショウ	ショウ
訓読み	まつ	ぬま		よい		き(える) け(す)				わら(う) え(む)	とな(える)
表外			あき(らか)		ひき(いる) まさ(に…す) はた		しるし	さち さいわ(い) きざ(し)	▲はか(る) とな(える) ▲あ(げる) たた(える) ▲かな(う)		うた うた(う)

漢字	商	渉	章	紹	訟	勝	掌	晶	焼	焦	硝	粧
音読み	ショウ	ショウ	ショウ	ショウ	ショウ	ショウ	ショウ	ショウ	ショウ	ショウ	ショウ	ショウ
訓読み	あきな(う)					か(つ) まさ(る)			や(く) や(ける)	こ(げる) こ(がす) こ(がれる) あせ(る)		
表外	はか(る)	わた(る) かか(わる)	あや しるし ふみ	つ(ぐ)	ジュ うった(える) あらそ(う)	すぐ(れる) ▲た(える)	たなごころ ▲てのひら つかさど(る) にな(う)	あき(らか)	▲く(べる)	や(く) じ(れる) じ(らす)		ソウ よそお(う) ▲めか(す)

漢字	詔	証	象	傷	奨	照	詳	彰	障	衝	賞	償
音読み	ショウ	ショウ	ショウ ゾウ	ショウ	ショウ	ショウ	ショウ	ショウ	ショウ	ショウ	ショウ	ショウ
訓読み	みことのり			きず いた(む) いた(める)		て(る) て(らす) て(れる)	くわ(しい)		さわ(る)			つぐな(う)
表外		あか(し)	かたち かたど(る)	そこ(なう)	ソウ すす(める)		つまび(らか)	あき(らか) あらわ(す) あらわ(れる)	へだ(てる) ▲ふせ(ぐ)	つ(く)	ほ(める) め(でる)	

漢字	礁	鐘	上	丈	冗	条	状	乗	城	浄	剰
音読み	ショウ	ショウ	ジョウ ショウ	ジョウ	ジョウ	ジョウ	ジョウ	ジョウ	ジョウ	ジョウ	ジョウ
訓読み		かね	うえ うわ かみ あ(げる) あ(がる) のぼ(る) のぼ(せる) のぼ(す)	たけ				の(る) の(せる)	しろ		
表外	かくれいわ	シュ	ほとり たてまつ(る)		むだ	えだ すじ	かたち かきつけ	ショウ	セイ き	きよ(い)	あま(る) あま(す) あまつさ(え)

漢字	音読み	訓読み	表外
常	ジョウ	つね とこ	
情	ジョウ セイ	なさ(け)	こころ おもむき
場	ジョウ	ば	
畳	ジョウ	たた(む) たたみ	チョウ かさ(ねる)
蒸	ジョウ	む(す) む(れる) む(らす)	ふ(かす) ふ(ける) おお(い)
縄	ジョウ	なわ	ただ(す)
壌	ジョウ		つち
嬢	ジョウ		むすめ
錠	ジョウ		テイ
譲	ジョウ	ゆず(る)	せ(める)
醸	ジョウ	かも(す)	
色	ショク シキ	いろ	
食	ショク ジキ	く(う) く(らう) た(べる)	シ ▲は(む)
植	ショク	う(える) う(わる)	▲チ た(てる)
殖	ショク	ふ(える) ふ(やす)	
飾	ショク	かざ(る)	
触	ショク	ふ(れる) さわ(る)	ソク
嘱	ショク		たの(む)
織	ショク シキ	お(る)	
職	ショク		シキ つかさ つかさど(る) つと(め)
辱	ジョク	はずかし(める)	ニク はじ はずかし(め) かたじけな(い)
心	シン	こころ	▲うら
申	シン	もう(す)	かさ(ねる) さる
伸	シン	の(びる) の(ばす)	の(す) ▲の(る)
臣	シン ジン		おみ
身	シン	み	
辛	シン	から(い)	かのと つら(い)
侵	シン	おか(す)	みにく(い)
信	シン		まこと たよ(り) まか(せる)
津	シン	つ	しる
神	シン ジン	かみ かん こう	たましい
唇	シン	くちびる	
娠	シン		はら(む) みごも(る)
振	シン	ふ(る) ふ(るう)	すく(う)
浸	シン	ひた(す) ひた(る)	つ(く) つ(かる) し(みる)
真	シン	ま	まこと
針	シン	はり	
深	シン	ふか(い) ふか(まる) ふか(める)	ふ(ける) み
紳	シン		おおおび
進	シン	すす(む) すす(める)	
森	シン	もり	
診	シン	み(る)	
寝	シン	ね(る) ね(かす)	みたまや や(める) みにく(い)
慎	シン	つつし(む)	つつま(しい) つつま(しやか)
新	シン	あたら(しい) あら(た) にい	▲さら
審	シン		つまび(らか)
震	シン	ふる(う) ふる(える)	
薪	シン	たきぎ	まき
親	シン	おや した(しい) した(しむ)	みずか(ら)
人	ジン ニン	ひと	
刃	ジン	は	ニン やいば き(る)
仁	ジン ニ		ニン
尽	ジン	つ(くす) つ(きる) つ(かす)	ことごと(く) ▲すが(れる)
迅	ジン		はや(い) はげ(しい)
甚	ジン	はなは(だ) はなは(だしい)	▲いた(く)
陣	ジン		チン じんだて ひとしき(り)
尋	ジン	たず(ねる)	つね ひろ
図	ズ ト	はか(る)	え
水	スイ	みず	
吹	スイ	ふ(く)	

漢字	音読み	訓読み	表外
垂	スイ	た(れる) た(らす)	▲しだ(れる) ▲しで なんなん(とする)
炊	スイ	た(く)	かし(ぐ)
帥	スイ		ソツ ひき(いる)
粋	スイ		いき
衰	スイ	おとろ(える)	サイ
推	スイ	お(す)	
酔	スイ	よ(う)	
遂	スイ	と(げる)	おお(せる) つい(に)
睡	スイ		ねむ(る)
穂	スイ	ほ	
錘	スイ	つむ	おもり
随	ズイ		したが(う)

漢字	音読み	訓読み	表外
髄	ズイ		
枢	スウ		とぼそ かなめ
崇	スウ		▲シュウ たか(い) たっと(ぶ) とうと(ぶ) あが(める) お(わる)
数	スウ ス	かず かぞ(える)	サク シュ ソク しばしば
据		す(える) す(わる)	キョ
杉		すぎ	サン
寸	スン		ソン わず(か) き
畝		せ うね	ホ ボウ
瀬		せ	ライ
是	ゼ		シ これ ▲こ(の) ただ(しい)
井	セイ ショウ	い	いげた まち

漢字	音読み	訓読み	表外
世	セイ セ	よ	
正	セイ ショウ	ただ(しい) ただ(す) まさ	
生	セイ ショウ	い(きる) い(かす) い(ける) う(まれる) う(む) お(う) は(える) は(やす) き なま	いのち うぶ な(る) な(す)
成	セイ ジョウ	な(る) な(す)	
西	セイ サイ	にし	スイ
声	セイ ショウ	こえ こわ	
制	セイ		おさ(える)
姓	セイ ショウ		かばね
征	セイ		う(つ) ゆ(く) と(る)
性	セイ ショウ		さが たち
青	セイ ショウ	あお あお(い)	

漢字	音読み	訓読み	表外
斉	セイ		サイ ととの(える) ひと(しい) ものいみ おごそ(か)
政	セイ ショウ	まつりごと	
星	セイ ショウ	ほし	
牲	セイ		いけにえ
省	セイ ショウ	かえり(みる) はぶ(く)	
逝	セイ	ゆ(く)	
清	セイ ショウ	きよ(い) きよ(まる) きよ(める)	シン さや(か) す(む)
盛	セイ ジョウ	も(る) さか(る) さか(ん)	
婿	セイ	むこ	
晴	セイ	は(れる) は(らす)	
勢	セイ	いきお(い)	セ

漢字	音読み	訓読み	表外
聖	セイ		ショウ ひじり
誠	セイ	まこと	ジョウ
精	セイ ショウ		しら(げる) くわ(しい) もののけ
製	セイ		つく(る)
誓	セイ	ちか(う)	ゼイ
静	セイ ジョウ	しず しず(か) しず(まる) しず(める)	
請	セイ シン	こ(う) う(ける)	ショウ
整	セイ	ととの(える) ととの(う)	
税	ゼイ		セイ みつぎ
夕	セキ	ゆう	ゆう(べ)
斥	セキ		しりぞ(ける) うかが(う)
石	セキ シャク コク	いし	ジャク

漢字	赤	昔	析	隻	席	惜	責	跡	積	績	籍	切
音読み	セキ シャク	セキ シャク	セキ	セキ	セキ	セキ	セキ	セキ	セキ	セキ	セキ	セツ サイ
訓読み	あか あか(い) あか(らむ) あか(らめる)	むかし				お(しい) お(しむ)	せ(める)	あと	つ(む) つ(もる)			き(る) き(れる)
表外			さ(く) わ(ける) わ(かれる)	ひと(つ)	むしろ	シャク	シャク	シャク	シ シャク たくわ(える)	つむ(ぐ) ▲う(む) いさお	ジャク ふみ し(く) ふ(む)	

漢字	折	拙	窃	接	設	雪	摂	節	説	舌	絶	千
音読み	セツ	セツ	セツ	セツ	セツ	セツ	セツ	セツ セチ	セツ ゼイ	ゼツ	ゼツ	セン
訓読み	お(る) おり お(れる)			つ(ぐ)	もう(ける)	ゆき		ふし	と(く)	した	た(える) た(やす) た(つ)	ち
表外	シャク くじ(ける) ▲さだ(める)	つたな(い) まず(い)	ぬす(む) ひそ(かに)	ショウ ▲は(ぐ) まじ(わる) もてな(す)	セチ しつら(える)	すす(ぐ) そそ(ぐ)	ショウ か(ねる) か(わる) と(る)	みさお ノット	エツ よろこ(ぶ)	セツ ことば	ゼチ セツ はなは(だ) わた(る)	

漢字	川	仙	占	先	宣	専	泉	浅	洗	染	扇	栓
音読み	セン	セン	セン	セン	セン	セン	セン	セン	セン	セン	セン	セン
訓読み	かわ		し(める) うらな(う)	さき		もっぱ(ら)	いずみ	あさ(い)	あら(う)	そ(める) そ(まる) し(みる) し(み)	おうぎ	
表外				ま(ず)	の(べる) のたま(う)	ほしいまま				ゼン	あお(ぐ) おだ(てる)	

漢字	旋	船	戦	践	銭	銑	潜	線	遷	選	繊
音読み	セン	セン	セン	セン	セン	セン	セン	セン	セン	セン	セン
訓読み		ふね ふな	いくさ たたか(う)		ぜに		ひそ(む) もぐ(る)			えら(ぶ)	
表外	めぐ(る)		おのの(く) そよ(ぐ)	ふ(む)	ゼン すき	ずく	くぐ(る)	いと すじ	うつ(す) うつ(る)	え(る) よ(る) すぐ(る)	チン すじ ほそ(い) ちい(さい) しな(やか)

漢字	薦	鮮	全	前	善	然	禅	漸	繕	阻	祖	租
音読み	セン	セン	ゼン	ゼン	ゼン	ゼン ネン	ゼン	ゼン	ゼン	ソ	ソ	ソ
訓読み	すす(める)	あざ(やか)	まった(く)	まえ	よ(い)				つくろ(う)	はば(む)		
表外	こも ▲し(く) しき(りに)	あたら(しい) すく(ない)	セン すべ(て)	セン さき	セン	▲も(える) しか(し) しか(り) しか(も)	セン ゆず(る)	ザン ようや(く) すす(む) やや	セン	けわ(しい) へだ(たる)	おや じじ はじ(め)	みつぎ ちんが(り)

漢字	音読み	訓読み	表外
素	ソ ス		もと もと(より) しろ(い)
措	ソ		お(く) はか(らう)
粗	ソ	あら(い)	ほぼ あら
組	ソ	く(む) くみ	くみひも
疎	ソ	うと(い) うと(む)	ショ おろそ(か) とお(る) とお(す) ▲まば(ら) ▲おろ(か) ▲うろ ▲おろ
訴	ソ	うった(える)	
塑	ソ		でく
礎	ソ	いしずえ	
双	ソウ	ふた	ふた(つ) ▲もろ なら(ぶ) たぐい
壮	ソウ		さか(ん)
早	ソウ サッ	はや(い) はや(まる) はや(める)	さ

漢字	音読み	訓読み	表外
争	ソウ	あらそ(う)	いさ(める)
走	ソウ	はし(る)	
奏	ソウ	かな(でる)	すす(める)
相	ソウ ショウ	あい	ありさま ▲さが うらな(う) たす(ける)
荘	ソウ		ショウ しもやしき おごそ(か)
草	ソウ	くさ	
送	ソウ	おく(る)	
倉	ソウ	くら	にわ(か)
捜	ソウ	さが(す)	
挿	ソウ	さ(す)	▲はさ(む) さしはさ(む) ▲す(げる)
桑	ソウ	くわ	
掃	ソウ	は(く)	はら(う)

漢字	音読み	訓読み	表外
曹	ソウ		ゾウ つかさ ともがら
巣	ソウ	す	
窓	ソウ	まど	
創	ソウ		はじ(める) ▲つく(る) きず
喪	ソウ	も	うしな(う) ▲ほろ(びる) ▲ほろ(ぼす)
葬	ソウ	ほうむ(る)	
装	ソウ ショウ	よそお(う)	▲よそ(う)
僧	ソウ		
想	ソウ ソ		おも(う)
層	ソウ		かさ(なる)
総	ソウ		す(べる) すべ(て) ふさ
遭	ソウ	あ(う)	

漢字	音読み	訓読み	表外
槽	ソウ		おけ ▲かいばおけ ▲ふね
操	ソウ	みさお あやつ(る)	と(る)
燥	ソウ		かわ(く) はしゃ(ぐ)
霜	ソウ	しも	
騒	ソウ	さわ(ぐ)	うれ(い) ▲ざわ(つく) ▲ぞめ(く)
藻	ソウ	も	あや かざり
造	ゾウ	つく(る)	いた(る) な(る) はじ(める) みやつこ
像	ゾウ		ショウ かたち かたど(る)
増	ゾウ	ま(す) ふ(える) ふ(やす)	ソウ
憎	ゾウ	にく(む) にく(い) にく(らしい) にく(しみ)	ソウ
蔵	ゾウ	くら	ソウ かく(れる) おさ(める)
贈	ゾウ ソウ	おく(る)	

漢字	音読み	訓読み	表外
臓	ゾウ		ソウ はらわた
即	ソク		ショク すなわ(ち) つ(く)
束	ソク	たば	つか つか(ねる)
足	ソク	あし た(りる) た(る) た(す)	
促	ソク	うなが(す)	せま(る)
則	ソク		のり のっと(る) すなわ(ち)
息	ソク	いき	やす(む)
速	ソク	はや(い) はや(める) すみ(やか)	
側	ソク	かわ	ショク そば ▲はた ▲かたわ(ら)
測	ソク	はか(る)	
俗	ゾク		なら(わし) いや(しい)
族	ゾク		やから

漢字	音読み	訓読み	表外
属	ゾク		ショク やから つ(く) したやく
賊	ゾク		そこ(なう) わるもの
続	ゾク	つづ(く) つづ(ける)	ショク つ(ぐ)
卒	ソツ		シュツ しもべ にわ(かに) お(える) お(わる) ▲つい(に)
率	ソツ リツ	ひき(いる)	シュツ スイ ▲おおむ(ね) わりあい したが(う) かしら
存	ソン ゾン		たも(つ) あ(る) ながら(える) と(う)
村	ソン	むら	
孫	ソン	まご	
尊	ソン	たっと(い) とうと(い) たっと(ぶ) とうと(ぶ)	みこと
損	ソン	そこ(なう) そこ(ねる)	へ(る)
他	タ		ほか
多	タ	おお(い)	
打	ダ	う(つ)	チョウ テイ ダース ぶ(つ)
妥	ダ		タ やす(らか) おだ(やか)
堕	ダ		お(ちる) ▲こぼ(つ)
惰	ダ		タ おこた(る)
駄	ダ		タ の(せる)
太	タイ タ	ふと(い) ふと(る)	ダイ はなは(だ)
対	タイ ツイ		む(かう) そろ(い) つれあい こた(える)
体	タイ テイ	からだ	
耐	タイ	た(える)	
待	タイ	ま(つ)	もてな(す)
怠	タイ	おこた(る) なま(ける)	▲だる(い)
胎	タイ		はら(む)
退	タイ	しりぞ(く) しりぞ(ける)	の(く) の(ける) すさ(る) しさ(る) ひ(く)
帯	タイ	お(びる) おび	
泰	タイ		やす(い) やす(らか) おご(る)
袋	タイ	ふくろ	テイ
逮	タイ		およ(ぶ) とら(える)
替	タイ	か(える) か(わる)	テイ
貸	タイ	か(す)	
隊	タイ		ツイ お(ちる) くみ
滞	タイ	とどこお(る)	
態	タイ		テイ さま わざ(と)
大	ダイ タイ	おお おお(きい) おお(いに)	タ ダ
代	ダイ タイ	か(わる) か(える) よ しろ	
台	ダイ タイ		うてな しもべ
第	ダイ		テイ つい(で) やしき
題	ダイ		テイ
滝		たき	ロウ
宅	タク		いえ やけ
択	タク		えら(ぶ) ▲よ(る)
沢	タク	さわ	うるお(う) つや
卓	タク		▲シツ つくえ すぐ(れる)
拓	タク		ひら(く)
託	タク		ことづ(かる) かこつ(ける) かこ(つ)
濯	タク		すす(ぐ) あら(う)
諾	ダク		うべな(う)
濁	ダク	にご(る) にご(す)	ジョク
但		ただ(し)	タン ダン ▲ただ
達	タツ		タチ ダチ とお(る) とど(く) ▲たし たち
脱	ダツ	ぬ(ぐ) ぬ(げる)	タツ
奪	ダツ	うば(う)	タツ
棚		たな	ホウ
丹	タン		に あか まごころ
担	タン	かつ(ぐ) にな(う)	
単	タン		ゼン ひと(つ) ひとえ
炭	タン	すみ	

漢字	音読み	訓読み	表外
胆	タン		トウ きも
探	タン	さぐ(る) さが(す)	
淡	タン	あわ(い)	うす(い)
短	タン	みじか(い)	
嘆	タン	なげ(く) なげ(かわしい)	
端	タン	はし は はた	ただ(しい) はじ(め) はな ▲はした
誕	タン		う(まれる) いつわ(る) ほしいまま
鍛	タン	きた(える)	
団	ダン トン		タン まる(い) かたまり
男	ダン ナン	おとこ	おのこ
段	ダン		タン きざはし
断	ダン	た(つ) ことわ(る)	さだ(める)
弾	ダン	ひ(く) はず(む) たま	はず(み) はじ(く) はじ(ける) ただ(す)
暖	ダン	あたた(か) あたた(かい) あたた(まる) あたた(める)	ノン
談	ダン		タン かた(る)
壇	ダン タン		
地	チ ジ		つち ところ
池	チ	いけ	
知	チ	し(る)	し(らせる)
値	チ	ね あたい	チョク あ(う)
恥	チ	は(じる) はじ は(じらう) は(ずかしい)	
致	チ	いた(す)	
遅	チ	おく(れる) おく(らす) おそ(い)	
痴	チ		おろ(か) ▲し(れる) ▲おこ
稚	チ		わか(い) いとけな(い)
置	チ	お(く)	
竹	チク	たけ	
畜	チク		キク か(う) やしな(う) たくわ(える)
逐	チク		ジク お(う)
蓄	チク	たくわ(える)	
築	チク	きず(く)	つ(く)
秩	チツ		つい(で) ふち
窒	チツ		ふさ(がる)
茶	チャ サ		
着	チャク ジャク	き(る) き(せる) つ(く) つ(ける)	
嫡	チャク		テキ よつぎ
中	チュウ	なか	あ(たる) あ(てる)
仲	チュウ	なか	
虫	チュウ	むし	
沖	チュウ	おき	むな(しい) と(ぶ)
宙	チュウ		そら
忠	チュウ		まごころ
抽	チュウ		ひ(く) ぬ(く)
注	チュウ	そそ(ぐ)	つ(ぐ) さ(す)
昼	チュウ	ひる	
柱	チュウ	はしら	
衷	チュウ		うち こころ まこと
鋳	チュウ	い(る)	シュ
駐	チュウ		チュ とど(まる)
著	チョ	あらわ(す) いちじる(しい)	チャク ジャク つ(く) き(る)
貯	チョ		たくわ(える)
丁	チョウ テイ		トウ あ(たる) わかもの ひのと
弔	チョウ	とむら(う)	
庁	チョウ		テイ つかさ
兆	チョウ	きざ(す) きざ(し)	ジョウ うらな(い)
町	チョウ	まち	テイ あぜみち
長	チョウ	なが(い)	ジョウ おさ た(ける)
挑	チョウ	いど(む)	
帳	チョウ		とばり
張	チョウ	は(る)	

漢字	音読み	訓読み	表外
彫	チョウ	ほ(る)	
眺	チョウ	なが(める)	
釣	チョウ	つ(る)	
頂	チョウ	いただ(く) いただき	テイ
鳥	チョウ	とり	
朝	チョウ	あさ	あした
脹	チョウ		ふく(れる) は(れる) ▲ふく(よか)
超	チョウ	こ(える) こ(す)	
腸	チョウ		はらわた ▲わた
跳	チョウ	は(ねる) と(ぶ)	▲おど(る)
徴	チョウ		チ しるし め(す)
潮	チョウ	しお	うしお

漢字	音読み	訓読み	表外
澄	チョウ	す(む) す(ます)	
調	チョウ	しら(べる) ととの(う) ととの(える)	やわら(ぐ) みつぎ あざけ(る)
聴	チョウ	き(く)	テイ ゆる(す)
懲	チョウ	こ(りる) こ(らす) こ(らしめる)	
直	チョク ジキ	ただ(ちに) なお(す) なお(る)	チ すぐ ひた あたい じか
勅	チョク		みことのり
沈	チン	しず(む) しず(める)	ジン
珍	チン	めずら(しい)	
朕	チン		われ きざ(し)
陳	チン		ジン の(べる) つら(ねる) ふる(い) ▲ひ(ねる)
賃	チン		ジン やと(う)

漢字	音読み	訓読み	表外
鎮	チン	しず(める) しず(まる)	おさ(え)
追	ツイ	お(う)	
墜	ツイ		お(ちる)
通	ツウ ツ	とお(る) とお(す) かよ(う)	
痛	ツウ	いた(い) いた(む) いた(める)	トウ ▲や(める) いた(わしい)
塚		つか	チョウ
漬		つ(ける) つ(かる)	シ
坪		つぼ	ヘイ
低	テイ	ひく(い) ひく(める) ひく(まる)	た(れる)
呈	テイ		しめ(す)
廷	テイ		にわ
弟	テイ ダイ デ	おとうと	

漢字	音読み	訓読み	表外
定	テイ ジョウ	さだ(める) さだ(まる) さだ(か)	き(まる)
抵	テイ		▲シ あ(たる) ふ(れる) さか(らう) ▲う(つ)
底	テイ	そこ	
邸	テイ		やしき
亭	テイ		チン あずまや
貞	テイ		ジョウ ただ(しい)
帝	テイ		▲タイ みかど
訂	テイ		ただ(す) さだ(める)
庭	テイ	にわ	
逓	テイ		たが(いに) か(わる)
停	テイ		と(まる) とど(まる)

漢字	音読み	訓読み	表外
偵	テイ		うかが(う)
堤	テイ	つつみ	
提	テイ	さ(げる)	ダイ チョウ ひっさ(げる) ▲ひさげ
程	テイ	ほど	のり
艇	テイ		こぶね
締	テイ	し(まる) し(める)	むす(ぶ)
泥	デイ	どろ	なず(む)
的	テキ	まと	あき(らか)
笛	テキ	ふえ	ジャク
摘	テキ	つ(む)	つま(む)
滴	テキ	しずく したた(る)	た(れる)
適	テキ		セキ ゆ(く) かな(う) たまたま

漢字	音読み	訓読み	表外
敵	テキ	かたき	あだ かな(う)
迭	テツ		たが(いに) か(わる)
哲	テツ		さと(い) あき(らか)
鉄	テツ		くろがね ▲かね
徹	テツ		とお(る) つらぬ(く)
撤	テツ		す(てる)
天	テン	あめ あま	そら
典	テン		ふみ のり
店	テン	みせ	たな
点	テン		とぼ(る) とも(る) ▲つ(ける) た(てる)
展	テン		つら(ねる) の(べる) ▲ひろ(げる)
添	テン	そ(える) そ(う)	

漢字	音読み	訓読み	表外
転	テン	ころ(がる) ころ(げる) ころ(がす) ころ(ぶ)	まろ(ぶ) ▲こ(ける) うた(た) うつ(る) ▲くるり
田	デン	た	か(る) か(り)
伝	デン	つた(わる) つた(える) つた(う)	つて
殿	テン デン	との どの	しんがり
電	デン		テン いなずま
斗	ト		トウ ます ひしゃく
吐	ト	は(く)	つ(く) ▲ぬ(かす)
徒	ト		ズ かち いたずら(に) ともがら あだ ▲ただ ▲むだ
途	ト		ズ みち
都	ト ツ	みやこ	すべ(て)

漢字	音読み	訓読み	表外
渡	ト	わた(る) わた(す)	
塗	ト	ぬ(る)	どろ まみ(れる) ▲まぶ(す) みち
土	ド ト	つち	
奴	ド		ヌ やつ やっこ
努	ド	つと(める)	ゆめ
度	ド ト タク	たび	はか(る) めもり のり わた(る)
怒	ド	いか(る) おこ(る)	ヌ
刀	トウ	かたな	
冬	トウ	ふゆ	
灯	トウ	ひ	チョウ テイ ドン チン ともしび ▲あかし ▲あかり とぼ(す) とも(す) とぼし ともし
当	トウ	あ(たる) あ(てる)	まさ(に) …(べし)

漢字	音読み	訓読み	表外
投	トウ	な(げる)	
豆	トウ ズ	まめ	たかつき
東	トウ	ひがし	あずま
到	トウ		いた(る)
逃	トウ	に(げる) に(がす) のが(す) のが(れる)	
倒	トウ	たお(れる) たお(す)	さかさま ▲こ(ける)
凍	トウ	こお(る) こご(える)	い(てる) し(みる)
唐	トウ	から	もろこし
島	トウ	しま	
桃	トウ	もも	
討	トウ	う(つ)	たず(ねる)
透	トウ	す(く) す(かす) す(ける)	とお(る)

漢字	音読み	訓読み	表外
党	トウ		なかま むら
悼	トウ	いた(む)	
盗	トウ	ぬす(む)	▲と(る)
陶	トウ		ヨウ すえ
塔	トウ		
搭	トウ		の(る) の(せる)
棟	トウ	むね むな	かしら
湯	トウ	ゆ	ショウ
痘	トウ		もがさ
登	トウ ト	のぼ(る)	
答	トウ	こた(える) こた(え)	
等	トウ	ひと(しい)	など ら

漢字	筒	統	稲	踏	糖	頭	謄	闘	騰	同	洞	胴
音読み	トウ	トウ	トウ	トウ	トウ	トウ ズ ト	トウ	トウ	トウ	ドウ	ドウ	ドウ
訓読み	つつ	す(べる)	いね いな	ふ(む) ふ(まえる)		あたま かしら		たたか(う)		おな(じ)	ほら	
表外		すじ おさ(める)			あめ	ジュウ こうべ ▲かぶり ほとり	うつ(す)		あ(がる) のぼ(る)	トウ とも(に)	トウ つらぬ(く) ふか(い) うつろ ▲うろ	トウ

漢字	動	堂	童	道	働	銅	導	峠	匿	特	得
音読み	ドウ	ドウ	ドウ	ドウ トウ	ドウ	ドウ	ドウ		トク	トク	トク
訓読み	うご(く) うご(かす)		わらべ	みち	はたら(く)		みちび(く)	とうげ			え(る) う(る)
表外	トウ やや(もすれば)	トウ ざしき たかどの	トウ ▲わらわ は(げる)	い(う)		あかがね	▲しるべ		ジョク かく(れる) かくま(う)	ドク おうし ▲ひと(り) ▲ひと(つ) とりわ(け)	

漢字	督	徳	篤	毒	独	読	凸	突	届	屯	豚
音読み	トク	トク	トク	ドク	ドク	ドク トク トウ	トツ	トツ		トン	トン
訓読み					ひと(り)	よ(む)		つ(く)	とど(ける) とど(く)		ぶた
表外	み(る) ただ(す) うなが(す) ひき(いる) かしら		あつ(い)	そこ(なう) わる(い)	トク		でこ		カイ	チュン なや(む) たむろ	

漢字	鈍	曇	内	南	軟	難	二	尼	弐	肉	日	入
音読み	ドン	ドン	ナイ ダイ	ナン ナ	ナン	ナン	ニ	ニ	ニ	ニク	ニチ ジツ	ニュウ
訓読み	にぶ(い) にぶ(る)	くも(る)	うち	みなみ	やわ(らか) やわ(らかい)	かた(い) むずか(しい)	ふた ふた(つ)	あま			ひ か	い(る) い(れる) はい(る)
表外	トン なま(る) にび ▲のろ(い)	タン	ドウ ノウ い(る)	ダン	ゼン ネン	ダン ▲にく(い)	ジ	ジ	ジ ふた ふた(つ)	ジク しし		ジュ ジュウ しお

漢字	乳	尿	任	妊	忍	認	寧	熱	年	念	粘
音読み	ニュウ	ニョウ	ニン	ニン	ニン	ニン	ネイ	ネツ	ネン	ネン	ネン
訓読み	ちち ち		まか(せる) まか(す)		しの(ぶ) しの(ばせる)	みと(める)		あつ(い)	とし		ねば(る)
表外	ジュ ニュ	ゆばり いばり ▲しと	ジン	ジン はら(む) みごも(る)	ジン むご(い)	ジン したた(める)	デイ ニョウ やす(い) ねんご(ろ) むし(ろ) いずく(んぞ) なん(ぞ)	ほて(る) ▲いき(る) ▲ほとぼり	とせ	おも(う)	▲デン

漢字	音読み	訓読み	表外
燃	ネン	も(える) も(やす) も(す)	ゼン
悩	ノウ	なや(む) なや(ます)	ドウ
納	ノウ ナッ ナ ナン トウ	おさ(める) おさ(まる)	い(れる)
能	ノウ		ドウ あた(う) よ(く) よ(くする) はたら(き) わざ
脳	ノウ		ドウ
農	ノウ		ドウ たがや(す)
濃	ノウ	こ(い)	ジョウ こま(やか)
把	ハ		と(る) にぎ(る)
波	ハ	なみ	
派	ハ		ハイ わ(かれる) つか(わす)
破	ハ	やぶ(る) やぶ(れる)	わ(れる)

漢字	音読み	訓読み	表外
覇	ハ		はたがしら
馬	バ	うま ま	マ メ
婆	バ		ばば
拝	ハイ	おが(む)	
杯	ハイ	さかずき	
背	ハイ	せ せい そむ(く) そむ(ける)	うしろ
肺	ハイ		
俳	ハイ		わざおぎ たわむ(れ)
配	ハイ	くば(る)	なら(ぶ) つれあい なが(す)
排	ハイ		おしの(ける) つら(ねる)
敗	ハイ	やぶ(れる)	やぶ(る)
廃	ハイ	すた(れる) すた(る)	や(める)

漢字	音読み	訓読み	表外
輩	ハイ		ともがら やから つい(で)
売	バイ	う(る) う(れる)	
倍	バイ		ハイ そむ(く) ま(す)
梅	バイ	うめ	
培	バイ	つちか(う)	ハイ ホウ おか
陪	バイ		したが(う)
媒	バイ		なかだち
買	バイ	か(う)	
賠	バイ		つぐな(う)
白	ハク ビャク	しろ しら しろ(い)	あき(らか) もう(す) せりふ
伯	ハク		ハ おさ かしら はたがしら
拍	ハク ヒョウ		う(つ)

漢字	音読み	訓読み	表外
泊	ハク	と(まる) と(める)	
迫	ハク	せま(る)	▲せ(る)
舶	ハク		おおぶね
博	ハク バク		ひろ(い)
薄	ハク	うす(い) うす(める) うす(まる) うす(らぐ) うす(れる)	せま(る) すすき
麦	バク	むぎ	
漠	バク		マク すなはら ひろ(い)
縛	バク	しば(る)	ハク ▲いまし(める)
爆	バク		ハク ホウ は(ぜる) さ(ける)
箱		はこ	ショウ ソウ
畑		はた はたけ	

漢字	音読み	訓読み	表外
肌		はだ	キ ▲はだえ
八	ハチ	や や(つ) やっ(つ) よう	
鉢	ハチ ハツ		
発	ハツ ホツ		▲はな(つ) た(つ) ひら(く) あば(く)
髪	ハツ	かみ	ホツ
伐	バツ		ハツ う(つ) き(る) ほこ(る)
抜	バツ	ぬ(く) ぬ(ける) ぬ(かす) ぬ(かる)	
罰	バツ バチ		ハツ
閥	バツ		ハツ いえがら いさお
反	ハン ホン タン	そ(る) そ(らす)	かえ(す) かえ(る) そむ(く)
半	ハン	なか(ば)	
犯	ハン	おか(す)	ボン

漢字	音読み	訓読み	表外
帆	ハン	ほ	
伴	ハン、バン	ともな(う)	とも
判	ハン、バン		ホウ、わ(ける)、わか(る)
坂	ハン	さか	バン
板	ハン、バン	いた	
版	ハン		いた、ふだ
班	ハン		わ(ける)、かえ(す)
畔	ハン		あぜ、くろ、ほとり、そむ(く)
般	ハン		めぐ(る)、たぐい
販	ハン		あきな(う)、▲ひさ(ぐ)
飯	ハン	めし	いい、まま
搬	ハン		はこ(ぶ)
煩	ハン、ボン	わずら(う)、わずら(わす)	うるさ(い)
頒	ハン		わ(ける)、し(く)、まだら
範	ハン		いがた、のり、さかい
繁	ハン		わずら(わしい)、しげ(る)
藩	ハン		まがき
晩	バン		く(れ)、おそ(い)
番	バン		ハ、ハン、つが(い)、つが(う)、つが(える)
蛮	バン		えびす
盤	バン		ハン、おおざら、めぐ(る)、ま(がる)、わだかま(る)
比	ヒ	くら(べる)	なら(ぶ)、ころ、たぐい
皮	ヒ	かわ	
妃	ヒ		きさき
否	ヒ	いな	フ、▲いや、わる(い)
批	ヒ		う(つ)、ただ(す)
彼	ヒ	かれ、かの	
披	ヒ		ひら(く)
肥	ヒ	こ(える)、こえ、こ(やす)、こ(やし)	ふと(る)
非	ヒ		わる(い)、あら(ず)、そし(る)
卑	ヒ	いや(しい)、いや(しむ)、いや(しめる)	ひく(い)
飛	ヒ	と(ぶ)、と(ばす)	たか(い)
疲	ヒ	つか(れる)、つか(らす)	
秘	ヒ	ひ(める)	ひそ(か)、かく(す)
被	ヒ	こうむ(る)	おお(う)、かぶ(る)、かぶ(せる)、▲かず(ける)
悲	ヒ	かな(しい)、かな(しむ)	
扉	ヒ	とびら	
費	ヒ	つい(やす)、つい(える)	
碑	ヒ		いしぶみ
罷	ヒ		や(める)、つか(れる)、まか(る)
避	ヒ	さ(ける)	よ(ける)
尾	ビ	お	
美	ビ	うつく(しい)	ミ、よ(い)、ほ(める)
備	ビ	そな(える)、そな(わる)	ヒ、▲つぶさ(に)
微	ビ		ミ、かす(か)
鼻	ビ	はな	はじ(め)
匹	ヒツ	ひき	たぐ(う)、いや(しい)
必	ヒツ	かなら(ず)	
泌	ヒツ、ヒ		にじ(む)
筆	ヒツ	ふで	
姫		ひめ	キ
百	ヒャク		ハク、もも
氷	ヒョウ	こおり、ひ	こお(る)
表	ヒョウ	おもて、あらわ(す)、あらわ(れる)	しるし
俵	ヒョウ	たわら	
票	ヒョウ		ふだ
評	ヒョウ		ヘイ、はか(る)、あげつら(う)
漂	ヒョウ	ただよ(う)	さら(す)
標	ヒョウ		こずえ、しるし、▲しる(す)、▲しるべ、しめ

漢字	音読み	訓読み	表外
苗	ビョウ	なえ なわ	ミョウ か(り)
秒	ビョウ		のぎ
病	ビョウ ヘイ	や(む) やまい	
描	ビョウ	えが(く)	
猫	ビョウ	ねこ	ミョウ
品	ヒン	しな	ホン
浜	ヒン	はま	
貧	ヒン ビン	まず(しい)	
賓	ヒン		まろうど したが(う)
頻	ヒン		ビン しき(りに) ▲しき(る)
敏	ビン		さと(い) と(し)
瓶	ビン		ヘイ かめ
不	フ ブ		…ず
夫	フ フウ	おっと	ブ おとこ ▲それ
父	フ	ちち	ホ
付	フ	つ(ける) つ(く)	あた(える)
布	フ	ぬの	ホ し(く)
扶	フ		たす(ける)
府	フ		くら みやこ
怖	フ	こわ(い)	お(じける) おそ(れる)
附	フ		ブ つ(く) つ(ける)
負	フ	ま(ける) ま(かす) お(う)	ブ フウ たの(む) そむ(く)
赴	フ	おもむ(く)	つ(げる)
浮	フ	う(く) う(かれる) う(かぶ) う(かべる)	ブ フウ
婦	フ		おんな
符	フ		わりふ
富	フ フウ	と(む) とみ	
普	フ		あまね(く)
腐	フ	くさ(る) くさ(れる) くさ(らす)	ふる(い) ▲くさ(す)
敷	フ	し(く)	
膚	フ		はだ ▲はだえ うわべ
賦	フ		みつぎ わか(つ)
譜	フ		しる(す) つづ(く)
侮	ブ	あなど(る)	
武	ブ ム		たけ(し) もののふ たたか(い)
部	ブ		ホ ホウ わ(ける) す(べる) つかさ くみ べ
舞	ブ	ま(う) まい	ム もてあそ(ぶ)
封	フウ ホウ		と(じる) さかい ポンド
風	フウ フ	かぜ かざ	ならわし すがた ▲ふり
伏	フク	ふ(せる) ふ(す)	ブク かく(れる) したが(う)
服	フク		き(る) きもの したが(う) の(む)
副	フク		フウ そ(う)
幅	フク	はば	
復	フク		かえ(る) かえ(す) また ふたた(び)
福	フク		さいわ(い)
腹	フク	はら	こころ かんが(え)
複	フク		かさ(ねる)
覆	フク	おお(う) くつがえ(す) くつがえ(る)	フ フウ
払	フツ	はら(う)	
沸	フツ	わ(く) わ(かす)	ヒ ▲た(てる) ▲にえ
仏	ブツ	ほとけ	フツ
物	ブツ モツ	もの	
粉	フン	こ こな	デシメートル
紛	フン	まぎ(れる) まぎ(らす) まぎ(らわす) まぎ(らわしい)	みだ(れる) ▲まが(う) ▲まぐ(れ)
雰	フン		きり
噴	フン	ふ(く)	ホン は(く)
墳	フン		はか
憤	フン	いきどお(る)	▲むずか(る)

常用

漢字	音読み	訓読み	表外
奮	フン	ふる(う)	
分	ブン フン ブ	わ(ける) わ(かれる) わ(かる) わ(かつ)	
文	ブン モン	ふみ	あや かざ(る)
聞	ブン モン	き(く) き(こえる)	
丙	ヘイ		ひのえ
平	ヘイ ビョウ	たい(ら) ひら	ヒョウ
兵	ヘイ ヒョウ		つわもの いくさ
併	ヘイ	あわ(せる)	なら(ぶ) しか(し)
並	ヘイ	なみ なら(べる) なら(ぶ) なら(びに)	
柄	ヘイ	がら え	つか いきお(い)
陛	ヘイ		きざはし
閉	ヘイ	と(じる) と(ざす) し(める) し(まる)	▲た(てる)
塀	ヘイ		
幣	ヘイ		ぬさ ▲みてぐら ぜに
弊	ヘイ		やぶ(れる) ▲つい(える) つか(れる)
米	ベイ マイ	こめ	メ よね メートル
壁	ヘキ	かべ	がけ
癖	ヘキ	くせ	
別	ベツ	わか(れる)	ベチ わ(ける) わか(つ)
片	ヘン	かた	きれ ▲ひら わず(か) ペンス
辺	ヘン	あた(り) べ	ほとり
返	ヘン	かえ(す) かえ(る)	ハン ホン
変	ヘン	か(わる) か(える)	
偏	ヘン	かたよ(る)	ひとえ(に)
遍	ヘン		あまね(く)
編	ヘン	あ(む)	とじいと ふみ
弁	ベン		わ(ける) わきま(える) はなびら
便	ベン ビン	たよ(り)	くつろ(ぐ) つい(で) ▲よすが いばり ▲すなわ(ち) へつら(う)
勉	ベン		つと(める)
歩	ホ ブ フ	ある(く) あゆ(む)	
保	ホ	たも(つ)	ホウ ▲も(つ) やす(んじる)
捕	ホ	と(らえる) と(らわれる) と(る) つか(まえる) つか(まる)	ブ
浦	ホ	うら	
補	ホ	おぎな(う)	フ たす(ける) さず(ける)
舗	ホ		フ みせ し(く)
母	ボ	はは	ボウ モ
募	ボ	つの(る)	モ
墓	ボ	はか	
慕	ボ	した(う)	しの(ぶ)
暮	ボ	く(れる) く(らす)	
簿	ボ		ホ たけふだ とじもの
方	ホウ	かた	かく ただ(しい) まさ(に)
包	ホウ	つつ(む)	▲くる(む)
芳	ホウ	かんば(しい)	かお(り) かぐわ(しい)
邦	ホウ		くに
奉	ホウ ブ	たてまつ(る)	▲まつ(る) うけたまわ(る)
宝	ホウ	たから	
放	ホウ	はな(す) はな(つ) はな(れる)	ほしいまま ほう(る) まか(す) ゆる(す) ひ(る) ▲こ(く) ▲さ(く)
抱	ホウ	だ(く) いだ(く) かか(える)	
法	ホウ ホッ ハッ		のり のっと(る) フラン
泡	ホウ	あわ	▲あぶく
胞	ホウ		はら
俸	ホウ		ふち
倣	ホウ	なら(う)	
峰	ホウ	みね	フ
砲	ホウ		おおづつ ▲つつ
崩	ホウ	くず(れる) くず(す)	

漢字	音読み	訓読み	表外
訪	ホウ	おとず(れる) たず(ねる)	と(う) ▲おとな(う)
報	ホウ	むく(いる)	しら(せる)
豊	ホウ	ゆた(か)	とよ
飽	ホウ	あ(きる) あ(かす)	
褒	ホウ	ほ(める)	
縫	ホウ	ぬ(う)	
亡	ボウ モウ	な(い)	ム ブ に(げる) ほろ(びる) うしな(う)
乏	ボウ	とぼ(しい)	ホウ
忙	ボウ	いそが(しい)	モウ せわ(しい)
坊	ボウ ボッ		ホウ まち へや
妨	ボウ	さまた(げる)	ホウ
忘	ボウ	わす(れる)	モウ
防	ボウ	ふせ(ぐ)	ホウ まも(る)
房	ボウ	ふさ	ホウ へや いえ
肪	ボウ		ホウ あぶら
某	ボウ		それがし なにがし
冒	ボウ	おか(す)	ボク モウ おお(う) むさぼ(る) ねた(む)
剖	ボウ		ホウ わ(ける) さ(く)
紡	ボウ	つむ(ぐ)	ホウ
望	ボウ モウ	のぞ(む)	もち うら(む)
帽	ボウ		
傍	ボウ	かたわ(ら)	ホウ そば ▲はた ▲わき そ(う)
棒	ボウ		ホウ
貿	ボウ		あきな(う)
暴	ボウ バク	あば(れる) あば(く)	あら(い) う(つ) にわ(か) さら(す) あら(わす)
膨	ボウ	ふく(らむ) ふく(れる)	ホウ ▲ふく(よか)
謀	ボウ ム	はか(る)	はかりごと
北	ホク	きた	そむ(く) に(げる)
木	ボク モク	き こ	
朴	ボク		ハク ほお すなお ▲むち ▲むちう(つ)
牧	ボク	まき	モク か(う) やしな(う) つかさ
僕	ボク		しもべ ▲やつがれ
墨	ボク	すみ	モク むさぼ(る)
撲	ボク		ホク う(つ) なぐ(る) ▲は(る)
没	ボツ		モツ もぐ(る) しず(む) おぼ(れる) し(ぬ) な(い)
堀		ほり	クツ コツ あな
本	ホン	もと	
奔	ホン		はし(る) に(げる)
翻	ホン	ひるがえ(る) ひるがえ(す)	ハン
凡	ボン ハン		すべ(て) およ(そ) なみ
盆	ボン		ホン はち
麻	マ	あさ	バ しび(れる)
摩	マ		す(る) こす(る) さす(る)
磨	マ	みが(く)	バ と(ぐ) す(る)
魔	マ		バ
毎	マイ		バイ ごと つね むさぼ(る)
妹	マイ	いもうと	バイ いも
枚	マイ		バイ ひら
埋	マイ	う(める) う(まる) う(もれる)	うず(もれる) うず(まる) い(ける)
幕	マク バク		
膜	マク		バク
又		また	ユウ ふたた(び)
末	マツ バツ	すえ	うら
抹	マツ		バツ す(る) け(す) こな
万	マン バン		よろず
満	マン	み(ちる) み(たす)	バン
慢	マン		バン おこた(る) おご(る) あなど(る)

漢字	音読み	訓読み	表外
漫	マン		バン みなぎ(る) みだ(りに) そぞ(ろに)
未	ミ		ビ いま(だ) いま(だ)…(ず) ▲ま(だ) ひつじ
味	ミ	あじ あじ(わう)	ビ
魅	ミ		ビ すだま もののけ
岬		みさき	コウ
密	ミツ		ビツ あつ(い) こま(かい) ひそ(かに)
脈	ミャク		パク すじ
妙	ミョウ		ビョウ わか(い) たえ
民	ミン	たみ	
眠	ミン	ねむ(る) ねむ(い)	▲ベン
矛	ム	ほこ	ボウ
務	ム	つと(める)	ブ あなど(る) あなど(り)
無	ム ブ	な(い)	
夢	ム	ゆめ	ボウ
霧	ム	きり	ブ
娘		むすめ	ジョウ ニョウ ▲こ
名	メイ ミョウ	な	
命	メイ ミョウ	いのち	おお(せ) みこと
明	メイ ミョウ	あ(かり) あか(るい) あか(るむ) あか(らむ) あき(らか) あ(ける) あ(く) あ(くる) あ(かす)	ミン
迷	メイ	まよ(う)	まど(う)
盟	メイ		ちか(う)
銘	メイ		ミョウ しる(す)
鳴	メイ	な(く) な(る) な(らす)	ミョウ
滅	メツ	ほろ(びる) ほろ(ぼす)	ベツ
免	メン	まぬか(れる)	ベン ブン ゆる(す) や(める) う(む)
面	メン	おも おもて つら	ベン も
綿	メン	わた	ベン つら(なる) こま(かい)
茂	モ	しげ(る)	ボウ すぐ(れる)
模	モ ボ		かた のっと(る)
毛	モウ	け	ボウ
妄	モウ ボウ		みだ(りに)
盲	モウ		ボウ くら(い)
耗	モウ コウ		へ(る) たよ(り)
猛	モウ		たけ(し)
網	モウ	あみ	ボウ
目	モク ボク	め ま	まなこ かなめ な
黙	モク	だま(る)	ボク ▲もだ(す) ▲だんま(り)
門	モン	かど	ボン ▲と いえ みうち
紋	モン		ブン あや
問	モン	と(う) と(い) とん	ブン たず(ねる) おとず(れる) たよ(り)
匁		もんめ	め
夜	ヤ	よ よる	
野	ヤ	の	ショ いなかや いや(しい)
厄	ヤク		わざわ(い) くる(しむ)
役	ヤク エキ		いくさ つと(め)
約	ヤク		ちか(う) つづ(める) つづま(やか) ▲つま(しい)
訳	ヤク	わけ	エキ と(く)
薬	ヤク	くすり	
躍	ヤク	おど(る)	テキ
由	ユ ユウ ユイ	よし	よ(る) なお…(ごとし)
油	ユ	あぶら	ユウ
愉	ユ		たの(しい) たの(しむ)
諭	ユ	さと(す)	
輸	ユ		シュ おく(る) うつ(す) いた(す) ま(ける)
癒	ユ		い(える) い(やす)
唯	ユイ イ		ただ

漢字	音読み	訓読み	表外
友	ユウ	とも	
有	ユウ ウ	あ(る)	も(つ)
勇	ユウ	いさ(む)	ヨウ つよ(い) いさぎよ(い)
幽	ユウ		かす(か) くら(い)
悠	ユウ		とお(い) はる(か)
郵	ユウ		しゅくば
猶	ユウ		なお なお…(ごとし)
裕	ユウ		ゆた(か) ひろ(い)
遊	ユウ ユ	あそ(ぶ)	すさ(び) すさ(ぶ)
雄	ユウ	お おす	おん いさま(しい) まさ(る)
誘	ユウ	さそ(う)	いざな(う) おび(く)
憂	ユウ	うれ(える) うれ(い) う(い)	
融	ユウ		と(ける) とお(る)
優	ユウ	やさ(しい) すぐ(れる)	ウ わざおぎ やわ(らぐ) ゆた(か) まさ(る)
与	ヨ	あた(える)	くみ(する) あずか(る)
予	ヨ		かね(て) あらかじ(め) ゆる(す)
余	ヨ	あま(る) あま(す)	われ ほか
誉	ヨ	ほま(れ)	ほ(める)
預	ヨ	あず(ける) あず(かる)	あらかじ(め)
幼	ヨウ	おさな(い)	ユウ いとけな(い)
用	ヨウ	もち(いる)	はたら(き) ▲もっ(て)
羊	ヨウ	ひつじ	
洋	ヨウ		うみ なだ ひろ(い)
要	ヨウ	い(る)	もと(める) かなめ
容	ヨウ		かたち い(れる) ゆる(す)
庸	ヨウ		もち(いる) つね おろ(か) なん(ぞ)
揚	ヨウ	あ(げる) あ(がる)	
揺	ヨウ	ゆ(れる) ゆ(る) ゆ(らぐ) ゆ(るぐ) ゆ(する) ゆ(さぶる) ゆ(すぶる)	
葉	ヨウ	は	ショウ かみ すえ
陽	ヨウ		ひ ひなた いつわ(る)
溶	ヨウ	と(ける) と(かす) と(く)	
腰	ヨウ	こし	
様	ヨウ	さま	
踊	ヨウ	おど(る) おど(り)	
窯	ヨウ	かま	
養	ヨウ	やしな(う)	
擁	ヨウ		いだ(く) だ(く) まも(る)
謡	ヨウ	うたい うた(う)	
曜	ヨウ		かがや(く)
抑	ヨク	おさ(える)	ふさ(ぐ) そもそも
浴	ヨク	あ(びる) あ(びせる)	ゆあみ
欲	ヨク	ほっ(する) ほ(しい)	
翌	ヨク		
翼	ヨク	つばさ	たす(ける)
裸	ラ	はだか	
羅	ラ		あみ うすぎぬ つら(なる)
来	ライ	く(る) きた(る) きた(す)	▲こ(し) ▲き(し)
雷	ライ	かみなり	いかずち
頼	ライ	たの(む) たの(もしい) たよ(る)	
絡	ラク	から(む) から(まる)	まと(う) つな(ぐ) ▲から(げる)
落	ラク	お(ちる) お(とす)	さと
酪	ラク		ちちしる
乱	ラン	みだ(れる) みだ(す)	ロン みだ(りに)
卵	ラン	たまご	
覧	ラン		み(る)
濫	ラン		みだ(れる) みだ(りに) う(かべる)
欄	ラン		てすり ▲おばしま おり わく
吏	リ		つかさ

漢字	音読み	訓読み	表外
利	リ	き(く)	よ(い) するど(い) と(し)
里	リ	さと	みちのり
理	リ		すじ ことわり おさ(める)
痢	リ		はらくだし
裏	リ	うら	うち
履	リ	は(く)	くつ ふ(む)
離	リ	はな(れる) はな(す)	つ(く) なら(ぶ) かか(る) ▲か(る)
陸	リク		ロク おか くが
立	リツ リュウ	た(つ) た(てる)	リットル
律	リツ リチ		のり のっと(る)
略	リャク		おさ(める) はか(る) はかりごと ほぼ はぶ(く) おか(す)
柳	リュウ	やなぎ	
流	リュウ ル	なが(れる) なが(す)	
留	リュウ ル	と(める) と(まる)	とど(まる)
竜	リュウ	たつ	リョウ リン
粒	リュウ	つぶ	
隆	リュウ		たか(い) さか(ん)
硫	リュウ		ル
旅	リョ	たび	ロ いくさ
虜	リョ		ロ とりこ えびす しもべ
慮	リョ		おもんぱか(る)
了	リョウ		お(わる) しま(う) さと(る)
両	リョウ		ふた(つ)
良	リョウ	よ(い)	▲やや
料	リョウ		はか(る)
涼	リョウ	すず(しい) すず(む)	うす(い)
猟	リョウ		か(る) か(り)
陵	リョウ	みささぎ	しの(ぐ) おか
量	リョウ	はか(る)	かさ ちから
僚	リョウ		とも つかさ
領	リョウ		うなじ えり おさ(める) う(める) かしら かなめ
寮	リョウ		つかさ
療	リョウ		い(やす)
糧	リョウ ロウ	かて	
力	リョク リキ	ちから	つと(める) ▲りき(む)
緑	リョク ロク	みどり	
林	リン	はやし	おお(い)
厘	リン		
倫	リン		たぐい つい(で) みち
輪	リン	わ	
隣	リン	とな(る) となり	
臨	リン	のぞ(む)	
涙	ルイ	なみだ	
累	ルイ		しば(る) かさ(なる) かさ(ねる) しき(りに) わずら(わす)
塁	ルイ		かさ(ねる) とりで
類	ルイ		たぐい たぐ(える) ▲に(る)
令	レイ		リョウ いいつけ おさ よ(い)
礼	レイ ライ		のり うやま(う)
冷	レイ	つめ(たい) ひ(える) ひ(や) ひ(やす) ひ(やかす) さ(める) さ(ます)	
励	レイ	はげ(む) はげ(ます)	
戻	レイ	もど(す) もど(る)	もと(る) いた(る)
例	レイ	たと(える)	たぐい ためし
鈴	レイ リン	すず	
零	レイ		お(ちる) ふ(る) あま(り) ちい(さい) こぼ(れる) ゼロ
霊	レイ リョウ	たま	たましい よ(い)
隷	レイ		したが(う) しもべ

漢字	音読み	訓読み	表外
齢	レイ		よわい とし
麗	レイ	うるわ(しい)	リ ▲うら(ら) ▲うら(らか) つら(なる) なら(ぶ) はな(れる)
暦	レキ	こよみ	リャク
歴	レキ		リャク へ(る)
列	レツ		つら(なる) つら(ねる) なら(べる)
劣	レツ	おと(る)	いや(しい)
烈	レツ		はげ(しい)
裂	レツ	さ(く) さ(ける)	きれ
恋	レン	こ(う) こい こい(しい)	
連	レン	つら(なる) つら(ねる) つ(れる)	しき(りに)
廉	レン		しら(べる) いさぎよ(い) やす(い) かど

漢字	音読み	訓読み	表外
練	レン	ね(る)	ねりぎぬ
錬	レン		ね(る)
炉	ロ		いろり ひばち
路	ロ	じ	みち くるま
露	ロ ロウ	つゆ	あらわ(れる) あらわ
老	ロウ	お(いる) ふ(ける)	
労	ロウ		はたら(く) つか(れる) ねぎら(う) いたわ(る)
郎	ロウ		おとこ
朗	ロウ	ほが(らか)	あき(らか) たか(らか)
浪	ロウ		ラン なみ みだ(りに)
廊	ロウ		わたどの
楼	ロウ		たかどの やぐら

漢字	音読み	訓読み	表外
漏	ロウ	も(る) も(れる) も(らす)	
六	ロク	む む(つ) むっ(つ) むい	リク
録	ロク		リョク しる(す)
論	ロン		あげつら(う) と(く)
和	ワ オ	やわ(らぐ) やわ(らげる) なご(む) なご(やか)	カ あ(える) な(ぐ)
話	ワ	はな(す) はなし	
賄	ワイ	まかな(う)	カイ まいな(う)
惑	ワク	まど(う)	
枠		わく	
湾	ワン		いりえ
腕	ワン	うで	かいな

☆陰暦の月の称

一月	睦月	むつき
二月	如月	きさらぎ
三月	弥生	やよい
四月	卯月	うづき
五月	皐月	さつき
六月	水無月	みなづき
七月	文月	ふづき・ふみづき
八月	葉月	はづき
九月	長月	ながつき
十月	神無月	かんなづき
十一月	霜月	しもつき
十二月	師走	しわす

人名用漢字表（二八六字）

丑丞乃之也亘亥亦亨亮伊伍伎伶伽佑侃侑倖倭偲允冴冶凌
凜凪凱勁匡卯叡只叶吾呂哉唄啄喬嘉圭尭奈奎媛嬉孟宏宥
寅峻崚嵐嵩嵯嶺巌巳巴巽庄弘弥彗彦彪彬怜恕悌惇惟惣慧
憧拳捷捺敦斐於旦旭旺昂昌昴晃晋晏晟晨智暉暢曙朋朔李
杏杜柊柚柾栗栞桂桐梓梢梧梨椋椎椰椿楊楓楠榛槙槻樺橘
檀欣欽毅毬汀汐汰沙洲洵洸浩淳渚渥湧滉漱濡熙熊燎燦燿
爽爾猪玖玲琢琉琳瑚瑛瑞瑠瑶瑳璃甫皐皓眉眸睦瞭瞳矩碧
碩磯祐禄禎秦稀稔稜穣竣笙笹紗紘紬絃絢綜綸綺綾緋翔翠
耀耶聡肇胡胤脩舜艶芙芹苑茉茄茅茜莉莞菖董萌萩葵蒔蒼
蓉蓮蔦蕉蕗藍藤蘭虎虹蝶衿袈裟詢誼諄諒赳輔辰迪遥遼邑
那郁酉醇采錦鎌阿隼雛霞靖鞠須頌颯馨駒駿魁鮎鯉鯛鳩鳳
鴻鵬鶴鷹鹿麟麿黎黛亀曽

二十四節気

	節気	名称	現在の月 日		節気	名称	現在の月 日
春	正月節	立春《りっしゅん》	2月4日	秋	7月節	立秋《りっしゅう》	8月8日
	中	雨水《うすい》	19日		中	処暑《しょしょ》	24日
	2月節	啓蟄《けいちつ》	3月6日		8月節	白露《はくろ》	9月8日
	中	春分《しゅんぶん》	21日		中	秋分《しゅうぶん》	24日
	3月節	清明《せいめい》	4月5日		9月節	寒露《かんろ》	10月8日
	中	穀雨《こくう》	21日		中	霜降《そうこう》	24日
夏	4月節	立夏《りっか》	5月6日	冬	10月節	立冬《りっとう》	11月8日
	中	小満《しょうまん》	22日		中	小雪《しょうせつ》	23日
	5月節	芒種《ぼうしゅ》	6月6日		11月節	大雪《たいせつ》	12月8日
	中	夏至《げし》	21日		中	冬至《とうじ》	22日
	6月節	小暑《しょうしょ》	7月8日		12月節	小寒《しょうかん》	1月5日
	中	大暑《たいしょ》	23日		中	大寒《だいかん》	20日

雑節

	雑節名	現在の月 日
春	節　分	2月3日
	春の彼岸	3月18日
	春の土用	4月17日
夏	八十八夜	5月2日
	入　梅	6月11日
	半《はん》夏《げ》生《しょう》	7月2日

	雑節名	現在の月 日
夏	夏の土用	7月20日
	二百十日	9月1日
秋	秋の彼岸	9月20日
	秋の土用	10月21日
冬	冬の土用	1月18日

※日付は，年によっては1日ほどずれることがある。

国字（和字）

△国字(和字) 部首別・画数順

▲印は、辞典によって扱いの異なるもの。「赤字」は「準一級」に、「黒字」は「一級」に属する。

亻 俣《また》・俤《おもかげ》・俥《くるま》

几 凧《たこ》・凪《なぎ・な(ぐ)》・凩《こがらし》

勹 匂《にお》う《い》

口 ▲喰《く》う《らう》・噸《トン》・噺《はなし》

叺《かます》・呎《フィート》・呏《ガロン》

土 圦《いり》

女 ▲嬶《かか・かかあ》

山 屶《なた》

弓 ▲弖《て》=弖爾遠波《てにをは》

心 怺《こら》える

手 扨《さて》・挘《むし》る

木 杢《もく》・栂《とが・つが》・杤《とち》・柾《まさ・まさき》・椙《すぎ》・

椛《もみじ》・榊《さかき》・樫《かし》・杣《そま》・枡《ます》・

桛《かせ》・梻《しきみ》・梺《ふもと》・椚《くぬぎ》・楾《はんぞう》・

▲榁《むろ》・榀《こまい》

毛 毟《むし》る

火 熕《コウ・おおづつ》・燵《タツ》=炬燵《コタツ》

瓦 ▲瓲《トン》・瓩《キログラム》・瓸《ヘクトグラム》・瓧《デカグラム》・瓰《デシグラム》・

瓸《センチグラム》・瓱《ミリグラム》

田

畠《はた・はたけ》

疒

癪《シャク》

石

硲《はざま》

立

竏《キロリットル》・竡《ヘクトリットル》・竍《デカリットル》・竕《デシリットル》・竰《センチリットル》・竓《ミリリットル》

竹

笹《ささ》・簓《ささら》《セン》・▲簗《やな》・籡《しんし》

米

粂《くめ》・籾《もみ》・▲粏《ぬかみそ》《タ》＝糂粏《ジンタ》・糀《こうじ》・粁《キロメートル》・粨《ヘクトメートル》・籵《デカメートル》・糎《センチメートル》・粍《ミリメートル》

糸

綛《かせ》《かすり》・縅《おど(す)》《おどし》・繧《ウン》＝繧繝《ウンゲン》・纃《かすり》・纐《しぼり》《コウ》＝纐纈《コウケツ》《コウケチ》

耳

聢《しか》と

舟

艝《そり》

月

腺《すじ》《セン》・▲膵《スイ》＝膵臓《スイゾウ》

艹

苆《すさ》・萢《やつ》《やち》・蓙《ござ》

虫

▲蚫《あわび》《ホウ》・蛯《えび》・▲蟎《だに》

衣

袰《ほろ》・裃《かみしも》・裄《ゆき》・褄《つま》・襷《たすき》

言

諚《おきて・おお(せ)》《ジョウ》

身

躮《せがれ》・躾《しつけ》・軈《やが》て

車

轌《そり》

辶

辻《つじ》・辷《すべ》る・迚《とて、とて(も)》・逧《さこ》・遖《あっぱれ》

金

鋲《ビョウ》・鑓《やり》・▲錺《かざり》・▲錵《にえ》・錻《ブ、ブリキ》・

鎹《かすがい》・⿰金逆《さかほこ》・鎺《はばき》

門

閊《つか》える

雨

▲雫《ダ、しずく》

革

鞆《とも》・鞐《こはぜ》

風

颪《おろし》

食

饂《ウン》=饂飩《うどん、ウンドン》

魚

鰯《いわし》・▲鱈《セツ、たら》・魞《えり》・鮎《なまず》・鮖《かじか》・

鮗《このしろ》・▲鮇《いわな》・⿰魚尓《いさざ》・▲鮟《アン》・鮴《ごり》・

鮲《こち、まて》・鮱《おおぼら》・鯏《うぐい、あさり》・鯑《かずのこ》・鯒《こち》・

鯎《うぐい》・鯐《すばしり》・鯲《どじょう》・鯱《しゃち、しゃちほこ》・鯰《ネン、なまず》・

鰘《むろあじ》・鰙《はや・はえ、わかさぎ》・鰚《はらか》・鰰《はたはた》・鱚《きす》・

鱇《コウ》=▲鮟鱇《アンコウ》・鱛《えそ》・⿰魚恵《あおさば、さば》・鱩《はたはた》

鳥

鴫《しぎ》・鳰《にお》・鵆《ちどり》・鴇《とき》・鵤《いかる、いかるが》・

鵥《かけす》・鶍《いすか》・鶎《きくいただき》・鶫《つぐみ》

麻

麿《まろ》

> ※常用漢字表にある国字
>
> 働・匁・峠・畑・込・
>
> 塀・枠・▲搾

文部科学省認定
日本漢字能力検定審査基準

〈準１級〉

程　　　度	領　域	内　　　　　容
常用漢字を中心とし、約3000字の漢字の音・訓を理解し、文章の中で適切に使えるようにする。	読むことと書くこと	ア．常用漢字の音・訓を含めて、約3000字の漢字を読み、その大体が書ける。 ・熟字訓、当て字、対義語、類義語、同音・同訓異字などを理解すること ・典拠のある四字熟語を理解すること ・国字を読むこと （峠、凧、畠　など） ・表外漢字を常用漢字に書き換えること
	故事・諺	イ．故事成語・諺を正しく理解する。

※約3000字の漢字は、JIS 第一水準を目安とする。

〈１級〉

程　　　度	領　域	内　　　　　容
常用漢字を含めて、約6000字の漢字の音・訓を理解し、文章の中で適切に使えるようにする。	読むことと書くこと	ア．常用漢字の音・訓を含めて、約6000字の漢字を読み、その大体が書ける。 ・熟字訓、当て字、対義語、類義語、同音・同訓異字などを理解すること ・典拠のある四字熟語を理解すること ・国字を書くこと（怺える、毟る　など） ・地名・国名等の漢字表記（当て字の一種）を読むこと ・常用漢字体と旧字体との関連を知ること
	故事・諺	イ．故事成語・諺を正しく理解する。

※約6000字の漢字は、JIS 第二水準を目安とする。

日本漢字能力検定採点基準（平成十三年度第一回より）

財団法人日本漢字能力検定協会

(1)字種・字体

①2〜8級の解答は、内閣訓令・告示「常用漢字表」による。ただし、旧字体での解答は正答とは認めない。

②1級および準1級の解答は、『漢字必携一級』（財団法人日本漢字能力検定協会発行）に示す「標準字体」「許容字体」「旧字体一覧表」による。

(2)字の書き方

解答は筆画を正しく、明確に記すこと。くずした字や、乱雑な書き方は採点の対象外とする。

(3)読　み

①2〜8級の解答は、内閣訓令・告示「常用漢字表」による。

②1級および準1級の解答には、①の規定は該当しない。

(4)仮名遣い

仮名遣いは、内閣訓令・告示「現代仮名遣い」による。

(5)送り仮名

送り仮名は、内閣告示「送り仮名の付け方」による。

(6)部　首

部首は、『漢字必携二級』（財団法人日本漢字能力検定協会発行）収録の「部首一覧表と部首別の常用漢字」による。

(7)筆　順

筆順は、文部省（現　文部科学省、以下同じ）告示「小学校学習指導要領」の「学年別漢字配当表」に示された漢字については、文部省編「筆順指導の手引」により、その他の常用漢字については、『漢字必携二級』による。

(8)合格基準

級	満点	合格
1／準1／2級	二〇〇点	八〇％程度
準2／3／4／5／6／7級	二〇〇点	七〇％程度
8級	一五〇点	八〇％程度

「漢検」の辞典・参考書・問題集

辞　典

★漢検 漢字辞典　定価3,360円（本体3,200円＋税）
国語辞典の要領で引ける五十音引き漢字・熟語辞典。活字は手書きに近い教科書体。現代生活に必要な熟語を厳選。表外漢字字体表に対応。ＪＩＳ第三・第四水準に基づくコードを収録。

★漢検 常用漢字辞典　定価2,940円（本体2,800円＋税）
漢和辞典、用例辞典、ワープロ辞典のエッセンスを凝縮。常用漢字と人名用漢字に筆順と書き方のポイント付き。日常生活から検定まで幅広く対応。

★漢検 四字熟語辞典　定価2,940円（本体2,800円＋税）
四字熟語約4,000語を収録。語構成と読みの区切り（意味の理解）が一目でわかる表記。使い勝手のよい６種の索引。見出し語のすべてに漢検検定級を明示。

漢字必携（参考書）

★漢字必携 一級　定価2,835円（本体2,700円＋税）
１級、準１級受験者のための総合参考書。１級（ＪＩＳ第二水準対応）、準１級（ＪＩＳ第一水準対応）の字種・字訓（字義）、常用漢字の表内・表外音訓を収載。『漢字必携一級』は『漢字必携二級』との併読で理解がより深まります。

★漢字必携 二級　定価1,995円（本体1,900円＋税）
２～８級受験者のための総合参考書。常用漢字の校種別配当及び音訓をはじめ人名用漢字、対義語・類義語、部首、筆順、送りがななど検定に役立つ情報・資料を収載。

漢字学習ステップ

１つのステップに５～９字の級別配当漢字を掲載。漢字表・練習問題・力だめしで構成。別冊解答付き。

★２級	漢字学習ステップ（改訂版）	定価1,260円（本体1,200円＋税）
★準２級	漢字学習ステップ	定価1,050円（本体1,000円＋税）
★３級	漢字学習ステップ（改訂版）	定価1,050円（本体1,000円＋税）
★４級	漢字学習ステップ（改訂版）	定価1,050円（本体1,000円＋税）
★５級	漢字学習ステップ（改訂版）	定価 945円（本体 900円＋税）
★６級	漢字学習ステップ（改訂版）	定価 945円（本体 900円＋税）
★７級	漢字学習ステップ（改訂版）	定価 945円（本体 900円＋税）
★８級	漢字学習ステップ	定価1,050円（本体1,000円＋税）

漢検分野別問題集

苦手分野を克服するための問題集。各分野「漢検おもしろゼミ」「練習問題」で構成。別冊解答付き。

★２級	漢検分野別問題集（改訂版）	定価 945円（本体 900円＋税）
★準２級	漢検分野別問題集	定価 945円（本体 900円＋税）
★３級	漢検分野別問題集（改訂版）	定価 945円（本体 900円＋税）
★４級	漢検分野別問題集（改訂版）	定価 945円（本体 900円＋税）

完全征服「漢検」準一級

2004年７月31日　　第１版第２刷　発行
編　者　日本漢字教育振興会
監　修　財団法人 日本漢字能力検定協会
発行者　大久保　昇
印刷所　三省堂印刷株式会社

発行所　財団法人 日本漢字能力検定協会
〒600-8585 京都市下京区烏丸通松原下る五条烏丸町398
☎075(352)8300　FAX075(352)8310

乱丁・落丁本はお取り替えいたします。

ISBN4-89096-101-1 C0081

漢検　講座

自己啓発・2級合格への最短コース。主要都市で開催しています。

文部科学省認定　**日本漢字能力検定2～4級受検対策**

「日本語・漢字講座」

- ●全6講／1講座90分
- ●日本語教育研究所のテキスト使用
- ●講師＝日本語教育研究所所員

この講座では、過去の「日本漢字能力検定」全解答データを分析し、受検者がもっとも苦手とする内容を重点的に指導します。生涯学習講座としても開講されています。

例えば

- ・漢字を記憶するより、語《ご》彙《い》力をつける方法。
- ・合否のカギをにぎる書き取りに強くなる法。
- ・難しい“送りがな”克服法。

開講地・教室・日程などのお問い合わせは

日本語教育研究所へ

TEL.（075）352−8300
FAX.（075）352−8310

漢検　FAX

FAXで「漢検」についての情報が入手できる!!

内容は、漢検受検要項、新刊書籍のご案内、機関紙『樫の木』情報などです。

手順は、

①**075−342−4155**に電話

②日本漢字能力検定協会に関する情報をご希望の方は**1＃**を入力

③メニューシートをご希望の方は**9999**と**＃**を、各情報をご希望の方は、メニューシートをご参照の上、**情報番号4桁**と**＃**を入力

最後にファクシミリのスタートボタンを押すと、ご希望の情報がお手元に届く仕組みになっています。

この機会にどうぞご利用ください。

注）プッシュ回線ご利用の方に限ります

●漢検のニューメディア

漢検

まほうのうかんむりをさがせ

漢字エデュテインメントソフト

CD-ROM

漢字パニック

ひらがなマンの野望

漢字パニック Vol.2

Windows 95・98
CD-ROM
Macintosh

幼児～小学校低学年対象
価格8,190円（税込）

Vol.1

ゲーム感覚で漢字が学べるエデュティンメントソフト。舞台は漢字の国。敵をやっつけるため、各国に散らばる地図を集め、「まほうのうかんむり」を探すアドベンチャーソフト。

スロット
回っているスロットをSTOPボタンをおして「読み」「漢字」「イラスト」をそろえて!! ぴったりそろうとコインがどっさり!!

Vol.2

漢字テーマパークをひらがなテーマパークにしようとする、ひらがなマンの野望を阻止するために地図を集めて漢字テーマパークを救おう!

急流すべり
答えの船が流れてくるヨ！ 正しい熟語を選んでタイミングよくクリックしないと船がしずむゾ！

Windows 95・98
CD-ROM
Macintosh

小学校高学年～成人対象
価格8,190円（税込）

遊んで身につく、漢字学習ソフト

漢字ワールドⅠ

学年ごとに習う漢字を一文字ずつ丁寧に学習でき、さらに3種類のゲームで遊びながら、漢字や熟語の知識が身につく。

Windows 3.1・95・98
CD-ROM
Macintosh

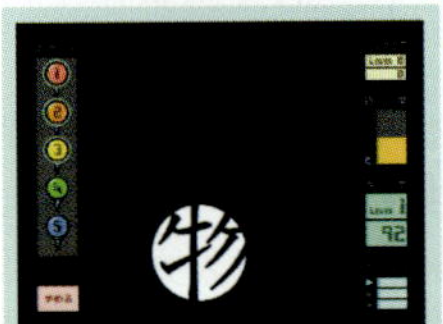

理科室
スポイトの液体が漢字のプレパラートに一滴！この円をマウスで動かしながら熟語を見つけ出そう！

小学校4年～6年生対象
価格7,240円（税込）

楽しんで基礎から学ぶ

漢字ワールドⅡ

教科書に準拠し、小学校1年～3年生の配当漢字を全て収録。身近なところから題材を採り、楽しみながら漢字の書き順、読み、部首、画数、使い方を学習できる。

Windows 3.1・95・98
CD-ROM
Macintosh

拡大画面
どんな漢字（熟語）がかくれているかな？知りたい絵をクリックするとすぐわかっちゃう！

小学校1年～3年生対象
価格7,240円（税込）

●漢検のニューメディア

漢検

ビデオ ぷぉぷぉ星人 カーンとジーンの大冒険

①②■小学1・2・3年　児童漢検初10・初9・漢検8級対応
③④■小学4・5・6年　漢検7・6・5級対応

ぷぉぷぉ星から宇宙人カーンとジーンが地球へ大冒険旅行。
漢字の国・日本で「漢字」のふしぎさ、おもしろさを発見!

各30分／①②各巻価格4,006円（税込）
　　　　　③④各巻価格2,079円（税込）

●企画・制作　日本漢字教育振興会
●協力　株式会社　テーク・ワン

ビデオ 漢検3・4級らくらく学習ビデオ おもしろ講座ⅠⅡ 漢字ちゃう!?

全2巻　各25分　各巻価格4,006円（税込）

漢字を正しく使いこなし、正確で豊かな日本語を、確実に君のものに!

●企画・制作　日本漢字教育振興会
●協力　株式会社　テーク・ワン

CD-ROM 漢字学習アドベンチャー R.P.G. GO-COO《ゴクー》

価格6,932円（税込）

Macintosh CD-ROM

★対応機種：マッキントッシュ　システム7.1以上CD－ROM
　　　　　　ドライブ必須　推奨メモリー8M
★媒体：CD－ROM　※注：AVモデルでは、正常に作動しない場合があります。

コンピューターを使った受検システム「CBT」 漢検CBTで毎日（日・祝除く）が検定日!!

（財）日本漢字能力検定協会では、コンピューターを使った受検システムCBTを実施しています。これは、年3回の検定日に限定せず、広く受検の機会を設けることが目的です。

検定級 ▶	2～7級の7段階
検定料（税込）▶	2級：4,000円 準2～7級：2,000円
検定日（※1）▶	月～金　1日1回（16:00～） 土　1日2回（11:00～・16:00～） 検定時間60分
検定会場 ▶	当協会の京都本部・東京事務局、ほか協会指定会場 （詳しくは漢検ホームページをご覧ください）

（※1）協会指定会場の検定日時については漢検ホームページをご覧ください。

お申し込みから受検までの流れ

- STEP1 漢検ホームページにアクセスする http://www.kentei.co.jp/
  ※受検希望日の一週間前までにお申し込みください。
- STEP2 必要事項を入力する
- STEP3 検定料を支払う
- STEP4 受付確認メールが届く
- STEP5 検定日当日、プリントアウトし受付確認メールを、検定会場に持参する

漢検CBTのお申し込みは、http://www.kentei.co.jp/（インターネットのみ受け付け）

インターネットを使った次世代型学習システム「WBT」 challenge漢検で漢検をウェブ学習する。

（財）日本漢字能力検定協会では、漢検2～8級を対象にインターネットを使った学習システムWBT（=Web Based Training）を提供しています。パソコンとインターネット環境さえあれば、いつでもどこでも、自分のペースで漢検の学習ができます。ご利用には会員登録が必要です。

受講料：3か月 2,520円（税込）

団体（学校・企業・塾）での導入も可能です。〈利用人数により団体割引有〉

ここへアクセス! http://www.challenge-wbt.jp/c2/ 詳しくは協会までお問い合わせください。（TEL.075-352-8300）

●漢字資料館

漢検

見て　学んで
体験して　感じる

文部科学省認定
漢検
漢字資料館

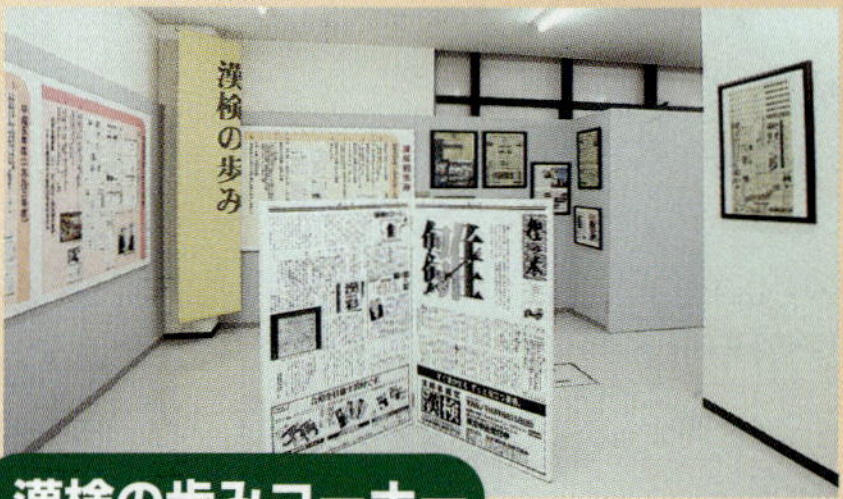

漢検の歩みコーナー

漢検の歴史を設立から現在まで、年表で紹介。

西安市碑林博物館コーナー

中国・西安市碑林博物館の所蔵品を
拓本で紹介します。

今年の世相を表す漢字コーナー

当協会主催で、毎年末に発表される
「今年の世相を表す漢字1字」の展示コーナー。
揮毫は京都清水寺・森 清範貫主。

イベントスペース

パネルにある植物や動物の名前を漢字プレートを使って楽しく組み合わせるコーナー

『漢字 昆虫館』コーナー

『漢字 鳥の楽園』コーナー

イベントスペース

難読地名コーナー、『La 漢』
（懸賞クロスワードパズルなどの漢検情報誌）コーナー、
漢字水族館や
漢字サイコロゲーム
でお楽しみください。

漢検情報コーナー

漢検の資料が豊富な
インフォメーション
コーナーです。

体験コーナー

ミニ検定、漢字ゲーム、
瓦《が》当《とう》拓《たく》本《ほん》で漢字の楽しさを
体験できます。

- ●ライブラリー
- ●メディアラボコーナー
- ●漢字の歴史コーナー
- ●日本語文章能力検定コーナー
- ●日本語教育研究所コーナー
- ●古銭コレクションコーナー
- ●日本・中国四字熟語漫画展
- ●インパク「漢検パビリオン」優秀作品展

『鉄道唱歌』コーナー

鉄道唱歌をイラスト入りでパネル展示。鉄道模型のジオラマも展示しています。

鉄道模型のジオラマ

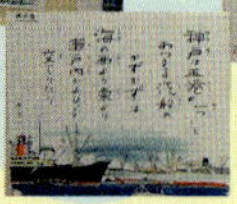

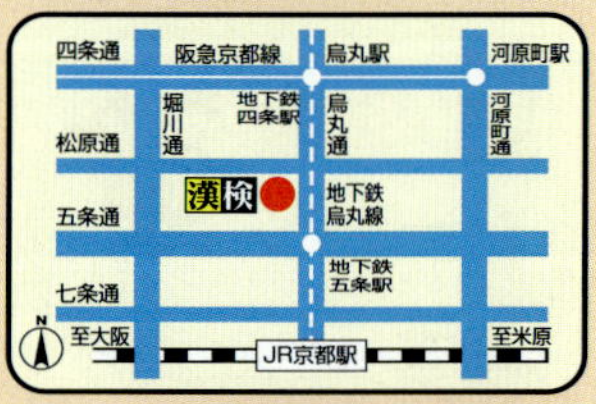

- ●場　　所：財団法人 日本漢字能力検定協会本部 2階
  京都市下京区烏丸通松原下る五条烏丸町398
- ●お問い合わせ：TEL.075-352-8300
- ●開館時間：午前10時～午後5時**（入場無料）**
- ●休 館 日：日・祝日
- ●アクセス
  - •地下鉄烏丸線「五条」駅下車　徒歩5分
  - •地下鉄烏丸線「四条」駅下車　徒歩8分
  - •阪急京都線「烏丸」駅下車　徒歩8分
  - •市バス「烏丸松原」停下車　徒歩1分

漢検の辞典

漢検 漢字辞典

現代人のための
五十音引き漢字・熟語辞典！

■各検定級を明示
■親字(見出し漢字)数約6,300字
■熟語数約42,000語
（現代日本語の中から厳選）

B6判 2色刷 1,920ページ
定価3,360円（本体3,200円＋税5％）

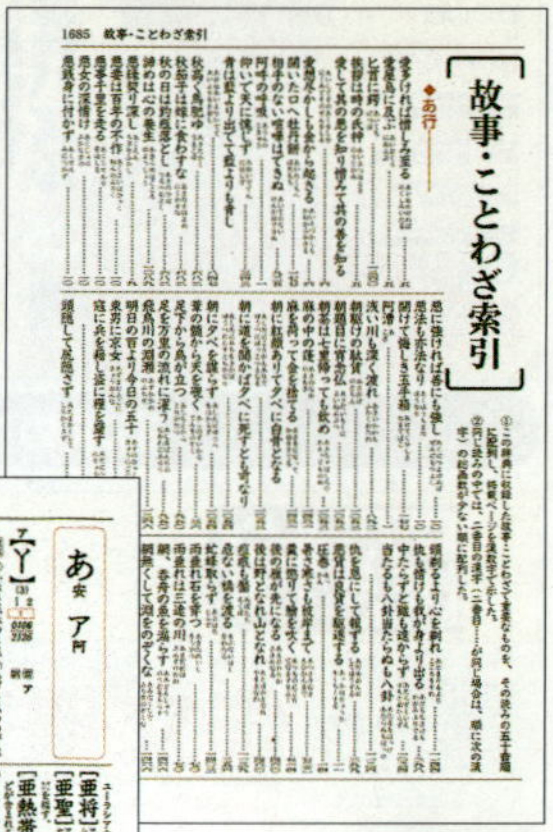

索引例

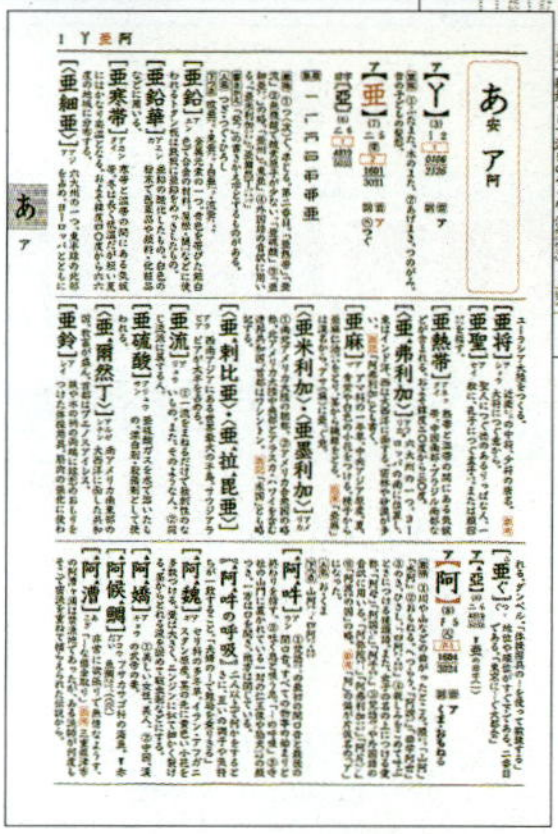
内容

特長 その1 手書きに近い教科書体

◆活字は手書きに近い書体なのでどのように書けばよいかがわかります。

◆見出し語も親字に近い大きさです。

特長 その2 最新の漢字情報を網羅、ワープロ・パソコンにも対応

◆表外漢字字体表（2000年12月答申）やJIS第三・第四水準（2000年1月制定）に基づくコードなどの情報を網羅しています。

特長 その3 使いやすい五十音配列

◆国語辞典のように引きやすい五十音順配列を採用。

「安」→「アン」「やすい」「やすんじる」「いずくんぞ」音訓どちらでも引けます。

◆故事成語、ことわざ、熟字訓、あて字も豊富に収録

「一」→「一期一会」も「一を聞いて十を知る」も「一向（ひたすら）」も引けます。

特長 その4 便利な7種類の索引

音訓索引・部首索引・総画索引など一般的な索引のほか、テーマ別索引（四字熟語索引、故事ことわざ索引、熟字訓・当て字の索引、「同訓異義」索引）が設けてあり、漢検の受検準備にも最適。